Minna no Nihongo II

みんなの
日本語

初級II 翻訳・文法解説ロシア語版 第2版
Перевод и грамматический комментарий

スリーエーネットワーク

Published by 3A Corporation
Shoei Bldg., 6-3, Sarugaku-cho 2-chome, Chiyoda-ku, Tokyo 101-0064, Japan

ISBN978-4-88319-389-9 C0081

First published 2003
Second Edition 2007
Printed in Japan

ПРЕДИСЛОВИЕ К ПЕРВОМУ ИЗДАНИЮ

Цель предлагаемого Вашему вниманию учебника, как следует из его названия *«Minna no Nihongo»* (*«Японский язык для всех»*), – сделать процесс изучения японского языка интересным, а работу преподавателей – творческой и плодотворной. Новый учебник *«Minna no Nihongo»*, создание которого продолжалось три года, может быть использован самостоятельно или в сочетании с ранее изданным и уже получившим высокую оценку учебным пособием *«Shin Nihongo no Kiso»* (*«Новый элементарный курс японского языка»*).

Как может быть известно читателю, *«Shin Nihongo no Kiso»* – высокоэффективное учебное пособие, позволяющее учащимся в кратчайшие сроки овладеть основами японской разговорной речи. В этом качестве учебное пособие *«Shin Nihongo no Kiso»* широко используется как в Японии, так и за рубежом, хотя первоначально оно разрабатывалось для стажёров технических специальностей.

В последние годы задачи преподавания японского языка всё более дифференцируются. В результате развития международных связей и углубления межнационального общения всё большее количество иностранцев по самым разнообразным причинам и с самыми разными целями приезжают в Японию и вливаются в японское общество. Расширение иммиграционного потока влечёт за собой изменение социальных, а также практических условий преподавания японского языка, увеличивает разнообразие мотиваций его изучения, каждая из которых в свою очередь требует особого подхода.

Учитывая новые требования времени, а также отвечая на многочисленные пожелания всех тех, кто в течение долгих лет связан с процессом преподавания японского языка и в Японии, и за её пределами, корпорация 3А имеет честь представить учебник *«Minna no Nihongo»*. В новом учебнике сохраняются метод и структура подачи материала, использованные в учебном пособии *«Shin Nihongo no Kiso»* и обеспечивающие лёгкость усвоения этого материала. Вместе с этим, чтобы максимально соответствовать мотивациям и отвечать интересам самых разных категорий учащихся как внутри, так и вне Японии, круг действующих лиц в *«Minna no Nihongo»* стал более универсальным, а речевые ситуации – ещё более приближенными к действительным. По мнению авторов, это сделает Вашу работу с учебником интересной и результативной.

Если японский язык не является Вашим родным языком и Вам срочно необходимо научиться общению на этом языке на работе, в школе или в университете, или же просто в повседневной жизни, то учебник *«Minna no Nihongo»* предназначен именно для Вас.

В сценах речевого общения между японскими и иностранными персонажами авторы постарались достоверно передать социальные условия и существующие реалии японского быта. Учебник рассчитан прежде всего на учащихся, уже закончивших послешкольное базовое образование, но он также может быть рекомендован в качестве прекрасного учебного пособия для подготовительных курсов к поступлению в университет, равно как и для краткосрочных интенсивных курсов в технических училищах или университетах.

Коллектив корпорации 3А продолжает активную работу по выпуску новых учебных пособий, призванных удовлетворить постоянно растущие и расширяющиеся потребности учащихся. И мы надеемся на Вашу поддержку и внимание.

В заключение позвольте выразить нашу глубокую благодарность за огромное и неоценимое содействие, которое мы получали в ходе подготовки учебника отовсюду, за комментарии и готовность протестировать пособие на реальных занятиях. Корпорация 3А намерена продолжать издание учебных пособий по японскому языку и тем самым расширять круг единомышленников по всему миру.

Мы уповаем на Вашу поддержку и благожелательность.

Ивао Огава,

Президент корпорации 3А

июнь 1998 года

ВСТУПИТЕЛЬНЫЕ ЗАМЕЧАНИЯ

I. Строение учебника

В комплект учебника *«Minna no Nihongo (II)»* входит собственно **Учебник** (тексты, диалоги, упражнения и пр. на японском языке), **Перевод и грамматический комментарий** (на русском языке) и **Аудиоприложение** (набор аудиокассет или CD). "Перевод и грамматический комментарий" впервые вышли на английском языке, а затем – на уже десяти национальных языках, включая и русский.

Основное внимание в учебнике *«Minna no Nihongo (II)»* уделяется развитию навыков аудирования японской речи и говорения. Что касается указаний по чтению, то они сведены к минимуму, а обучения письму (хирагана, катакана, иероглифы) не предусмотрено.

II. Содержание и методические рекомендации по работе с учебником

1. Учебник

1) Основной курс

Основной курс учебника продолжает *«Minna no Nihongo (I) (25 уроков)»* и также содержит 25 уроков, с 26-го по 50-ый, которые построены следующим образом:

① **Речевые модели**

Основные речевые модели представлены в порядке их появления в каждом уроке.

② **Примеры**

Короткие речевые ситуации, построенные из вопросов и ответов, демонстрируют использование речевых моделей на практике. Одновременно вводятся новые лексические единицы (наречия, союзы) и сведения по грамматике, не вошедшие в ① .

③ **Диалоги**

Проживающие в Японии иностранцы оказываются в различных повседневных ситуациях. Учебный материал каждого урока включает приветствия и другие устойчивые слова и выражения разговорной речи. Диалоги достаточно просты, и их следует заучивать наизусть.

С целью закрепления навыков общения рекомендуется варьировать диалоги, используя справочную информацию, которую Вы найдёте в "Переводе и грамматическом комментарии" каждого урока.

④ **Упражнения**

Упражнения подразделяются на три уровня: А, В и С.

Упражнения уровня А составлены в виде наглядных таблиц и схем, которые облегчают понимание грамматических структур. После усвоения основной речевой модели следуют подстановочные задания, проверяющие степень усвоения материала.

В упражнениях уровня В предлагаются тренировочные упражнения на закрепление навыков владения основными речевыми моделями. Необходимо следовать указаниям к каждому упражнению. В упражнениях, помеченных знаком ☞ , используются рисунки.

Упражнения уровня C представляют собой короткие диалоги, в которых усвоенные на предыдущих уровнях речевые модели используются в реальных речевых ситуациях. Цель упражнений уровня C – закрепление и активизация практических навыков разговорной речи.

При выполнении упражнений авторы учебника рекомендуют не только повторять, но и придумывать собственные подстановочные варианты, расширять и дополнять содержание упражнений, развивать ситуации.

⑤ **Задания**

Предлагаются задания следующих видов: аудирование (помечены знаком ☺), грамматические задания и задания на понимание прочитанного текста.

В заданиях на аудирование предлагается прослушать аудиозапись и ответить на короткие вопросы или же на вопросы по содержанию прослушанных диалогов. Такие задания направлены на активизацию навыков восприятия звучащей речи. Грамматические задания контролируют усвоение лексического и грамматического материала.

В заданиях на чтение учащимся предлагается прочитать небольшой текст, составленный на основе изученного лексико-грамматического материала, и ответить на вопросы по содержанию этого текста.

2) Повторение

Через каждые пять уроков предлагаются обобщающие упражнения на повторение.

3) Обобщение

В конце "Учебника" представлены предложения (со ссылкой на соответствующий урок), в которых обобщены пройденные грамматические правила употребления форм глаголов, наречий, союзов, частиц и т.д.

4) Лексический указатель

В алфавитном порядке дана вся, начиная с Вводного урока и до Урока 50, лексика учебника со ссылкой на тот урок, в котором данная лексическая единица встречается впервые.

2. Перевод и грамматический комментарий

1) Каждый из уроков (с 26-го по 50-й) построены следующим образом:
　　① Новые слова и их значения
　　② Перевод речевых моделей, примеров и диалогов
　　③ Полезные слова и выражения по теме урока, а также справочная информация о Японии и японских обычаях
　　④ Объяснение грамматических явлений, представленных в уроке

2) Перевод представленных в конце «Учебника» примеров предложений, обобщающих изученные правила употребления форм глаголов, наречий, союзов, частиц и т.д.

3. Аудиоприложение

На аудиокассетах или CD записаны новые слова, речевые модели, примеры, упражнения уровня С и диалоги каждого урока, а также задания для домашнего аудирования.

При прослушивании новых слов, речевых моделей и примеров следует обращать особое внимание на их произношение и интонацию. При работе с диалогами и упражнениями уровня С постарайтесь привыкнуть к естественному темпу японской речи.

4. Употребление иероглифов

1) Иероглифы, как правило, используются в соответствии с 常用漢字表.

① 熟字訓 (слова, для записи которых используют два и более иероглифов, читающихся по особым правилам), входящие в 付表 (Приложение) к 常用漢字表, написаны иероглифами.

напр., 友達 друг　果物 фрукт　眼鏡 очки

② Географические названия, а также названия объектов, связанных с национальной художественной культурой, написаны принятыми для этого иероглифами, чтения которых иногда нестандартны.

напр., 大阪 Осака　奈良 Нара　歌舞伎 Кабуки

2) Для облегчения чтения некоторые слова принято писать хираганой, несмотря на то, что они входят в 常用漢字表 или в 付表.

напр., ある (有る иметься・在る существовать)
たぶん (多分) наверное　きのう (昨日) вчера

3) Как правило, для записи чисел используются арабские цифры.

напр., 9時 9 часов　4月1日 1 апреля　1つ 1 шт.

Однако в случаях, подобных приведённым ниже, используются иероглифы.

напр.,　　一人で　в одиночку, сам, самостоятельно　　一度　однажды

一万円札　купюра в десять тысяч иен

5. Прочее

1) Слова, которые могут быть опущены, даны в квадратных скобках [　].

напр.,　　父は　54　[歳]　です。　Моему отцу 54 [года].

2) Синонимы даны в круглых скобках (　).

напр.,　　だれ（どなた）кто

3) В «Переводе и грамматическом комментарии» места возможных подстановок отмечены волнистой линией.

напр.,　　〜は　いかがですか。Не хотите ли вы 〜?

Однако, если возможный вариант – числительное, то используется прочерк – .

напр.,　　一歳　– лет　　一円　– иен　　一時間　– часов

К УЧАЩИМСЯ
Как заниматься наиболее эффективно

1. Хорошо запомнить новые слова.

В «Переводе и грамматическом комментарии» к каждому уроку даны новые слова. Прежде всего прослушайте их в записи и постарайтесь запомнить правильное произношение и акцент (тонизацию). Затем попробуйте составить с новыми словами короткие предложения. Важно запомнить не только отдельное слово, но и то, как оно употребляется в предложении.

2. Выполнить упражнения на запоминание речевых моделей.

После того, как Вы поняли смысл речевой модели, несколько раз повторите упражнения уровней А и В, чтобы запомнить употребления этой модели в речи. Упражнения уровня В необходимо выполнять вслух.

3. Выполнить упражнения на разговорную практику.

Вслед за упражнениями на употребление речевых моделей следуют упражнения на разговорную практику. В диалогах представлены различные повседневные ситуации, в которых могут оказаться иностранцы, живущие в Японии. Чтобы привыкнуть к подобным ситуациям, прежде всего следует выполнить упражнения уровня С, а затем попробуйте продолжить разговор, развить ситуацию. Кроме того, отрабатывая «Диалоги», старайтесь запомнить принятые в той или иной ситуации реакции и реплики.

4. По несколько раз слушать аудиозаписи.

Отрабатывая «Диалоги» и упражнения уровня С, следует слушать аудиозаписи и обязательно повторять вслух, чтобы правильно запомнить произношение и интонацию. Многократное прослушивание аудизаписей поможет привыкнуть к звучанию и темпу японской речи, развить навык понимания речи на слух.

5. Повторять изученное и готовиться к занятиям.

Чтобы не забыть пройденный в классе материал, обязательно повторите его в тот же день. Затем выполните «Задания», которые помогут Вам уточнить изученный материал и проверить свои навыки восприятия речи на слух.

Материалы для внеклассного чтения помогут закрепить навык понимания связного текста. Читайте, при необходимости справляясь в рубрике «Новые слова».

Кроме того, постарайтесь найти время, чтобы просмотреть новые слова и грамматику следующего урока. Предварительная подготовка повысит эффективность Ваших последующих занятий.

6. Использовать изученное на практике.

Не ограничивайте изучение японского языка стенами аудитории. Пробуйте говорить с японцами, используя свои знания. Старайтесь использовать выученное, как можно чаще и больше. В этом секрет Вашего успеха!

Если Вы усвоите материал учебника, следуя нашим рекомендациям, то Вы будете располагать словарным запасом и речевыми навыками, необходимыми для повседневной жизни в Японии.

УСПЕХОВ ВАМ, ДОРОГИЕ ДРУЗЬЯ!

ДЕЙСТВУЮЩИЕ ЛИЦА

Майк Миллер
американец, сотрудник IMC

Мацумото Тадаси
японец, начальник департамента
Осакского филиала IMC

Накамура Акико
японка, начальник отдела
продаж IMC

Судзуки Ясуо
японец, сотрудник IMC

И Дзин Дзю
южнокореянка, исследователь в AKC

Тавапон
таиландец, студент Университета Сакура

Огава Хироси
японец, сосед Майка
Миллера

Огава Ёнэ
японка, мать Огава Хироси

Огава Сатико
японка, домохозяйка

Карл Шмит
немец, инженер компании Пауэр-Дэнки

Клара Шмит
немка, преподаватель немецкого языка

Ватанабэ Акэми
японка, сотрудница
компании Пауэр-Дэнки

Такахаси Тоору
японец, сотрудник
компании Пауэр-Дэнки

Хаяси Макико
японка, сотрудница
компании Пауэр-Дэнки

Джон Уатт
англичанин, преподаватель
английского языка в
Университете Сакура

Ито Тисэко
японка, учительница в школе
Химавари, классный
руководитель Ганса Шмита

xi

–Другие персонажи–

Ганс
немец, школьник (12 лет),
сын Карла и Клары Шмит

Гупта
индиец, сотрудник IMC

※ **IMC** (компания, выпускающая программное обеспечение)
※ **AKC** (アジア研究センター Азиатский исследовательский центр)

СОДЕРЖАНИЕ

I. Новые слова

II. Перевод

    Речевые модели и примеры

    Диалог

        «Куда можно вынести мусор?»

III. Справочная информация

    ПРАВИЛА УТИЛИЗАЦИИ МУСОРА

IV. Грамматика

1. ГЛАГ
   い-ПРИЛ   нейтральная форма
   な-ПРИЛ   нейтральная форма   んです
   СУЩ   ～だ→～な

2. ГЛАГ て-форма いただけませんか

3. Вопросительное слово ГЛАГ た-форма らいいですか

4. СУЩ
(дополнение) は   好きです／嫌いです
       上手です／下手です
       あります и т. д.

I. Новые слова

II. Перевод

    Речевые модели и примеры

    Диалог

        «Вы можете смастерить всё, что угодно?»

III. Справочная информация

    БЛИЖАЙШИЕ МАГАЗИНЫ

IV. Грамматика

1. Потенциальный залог глаголов

2. Предложения с глаголами в потенциальном залоге

3. 「見えます」и「聞こえます」

4. できます

5. は

6. も

7. しか

I. Новые слова

II. Перевод

    Речевые модели и примеры

    Диалог

        «За чашкой чая...»

III. Справочная информация

    АРЕНДА ЖИЛЬЯ

IV. Грамматика

1. ГЛАГ₁ ます-форма ながら ГЛАГ₂

2. ГЛАГ て-форма います

3. нейтральная форма し、～

4. それに

5. それで

6. よく この 喫茶店に 来るんですか

xiv

ГРАММАТИЧЕСКИЕ КОММЕНТАРИИ И СПРАВОЧНАЯ ИНФОРМАЦИЯ В
みんなの日本語初級 I

ТЕРМИНЫ, ИСПОЛЬЗУЕМЫЕ В ПРОЦЕССЕ ОБУЧЕНИЯ

第一課	урок No-	名詞	имя существительное
文型	речевая модель	動詞	глагол
例文	пример	自動詞	непереходный глагол
会話	диалог	他動詞	переходный глагол
練習	упражнение	形容詞	имя прилагательное
問題	задание	い形容詞	い-прилагательное
答え	ответ		(предикативное)
読み物	(материал для чтения)	な形容詞	な-прилагательное
	внеклассное чтение		(полупредикативное)
復習	повторение	助詞	частица
		副詞	наречие
目次	содержание	接続詞	союз
索引	указатель	数詞	имя числительное
			(выражение количества)
文法	грамматика	助数詞	счётный суффикс
文	предложение	疑問詞	вопросительное слово
単語 (語)	слово	名詞文	предложение с именным
句	словосочетание		(имя существ.) сквзуемым
節	часть (сложного) предложения	動詞文	предложение с глагольным
			сказуемым
発音	произношение	形容詞文	предложение с именным
母音	гласный звук		(имя прилагат.) сказуемым
子音	согласный звук	主語	подлежащее
拍	мора	述語	сказуемое
アクセント	акцент, тонизация	目的語	дополнение
イントネーション	интонация	主題	тема
		肯定	утвердительная форма
		否定	отрицательная форма
[か] 行	строка [か]	完了	совершенный вид
[い] 列	ряд [い]	未完了	несовершенный вид
		過去	прошедшее время
丁寧体	вежливый стиль речи	非過去	настояще-будущее время
普通体	нейтральный стиль речи	可能	потенциальный залог
活用	спряжение или склонение	意向	желательное наклонение
フォーム	форма	命令	повелительное наклонение
～形	~форма	禁止	запретительное наклонение
修飾	определение	条件	условное наклонение
		受身	страдательный залог
例外	исключение (из правила)	使役	побудительный залог
		尊敬	почтительный стиль речи
		謙譲	скромный стиль речи

ПРИНЯТЫЕ СОКРАЩЕНИЯ

СУЩ   имя существительное（名詞）

               напр., がくせい   つくえ

                     студент   стол

い-ПРИЛ   い-прилагательное (предикативное)（い形容詞）

               напр., おいしい   たかい

                     вкусный   высокий

な-ПРИЛ   な-прилагательное (полупредикативное)（な形容詞）

               напр., きれい［な］   しずか［な］

                     красивый   тихий

ГЛАГ   глагол（動詞）, глагольная основа

               напр., かきます   たべます

                     писать   есть

ПРЕДЛ   предложение（文）

               напр., これは 本です。

               Это книга.

               わたしは あした 東京へ 行きます。

               Я завтра поеду в Токио.

Урок 26

I. Новые слова

みます II	見ます、診ます	смотреть, осматривать, проверять
さがします I	探します、捜します	искать
おくれます II	遅れます	опаздывать, опоздать
［じかんに～］	［時間に～］	［~ к назначенному времени］
まに あいます I	間に 合います	успевать, успеть
［じかんに～］	［時間に～］	［~ к назначенному времени］
やります I		сделать, исполнить
さんかします III	参加します	участвовать, принять участие
［パーティーに～］		［~ в вечеринке］
もうしこみます I	申し込みます	заявлять, подавать заявку
つごうが いい	都合が いい	удобный, удобно (о времени)
つごうが わるい	都合が 悪い	неудобный, неудобно (о времени)
きぶんが いい	気分が いい	самочувствие хорошее
きぶんが わるい	気分が 悪い	самочувствие плохое
しんぶんしゃ	新聞社	издательский дом, издательство газеты
じゅうどう	柔道	дзюдо
うんどうかい	運動会	спортивные соревнования, спортивный праздник
ばしょ	場所	место
ボランティア		волонтьер, доброволец
～べん	～弁	говор, диалект
こんど	今度	следующий, другой раз
ずいぶん		очень, весьма, изрядно
ちょくせつ	直接	прямо, непосредственно
いつでも		всегда
どこでも		везде
だれでも		все
なんでも	何でも	всё
こんな ～		такой, подобный (о предмете, более близком к говорящему)
そんな ～		такой, подобный (о предмете, более близком к собеседнику)
あんな ～		такой, подобный (о предмете, одинаково удалённом как от говорящего, так и от собеседника)

※ NHK	Японская вещательная корпорация «Эн-Эйч-Кэй» (Ниппон Хосо Кёкай – NHK)
※こどもの 日	День детей
※エドヤストア	вымышленное название магазина

◀会 話▶

片づきます ［荷物が～］ I	быть в порядке, быть убранным [вещи ~]
ごみ	мусор
出します ［ごみを～］ I	выносить [~ мусор]
燃えます ［ごみが～］ II	гореть [мусор ~]
月・水・金	понедельник, среда, пятница
置き場	место складирования, склад
横	сторона
瓶	бутылка
缶	банка
［お］湯	горячая вода
ガス	газ
～会社	фирма –
連絡します III	контактировать, связаться, звонить
困ったなあ。	выражение затруднения или неловкости (Что же делать?)

5

.... 読み物　Внеклассное чтение ....

電子メール	электронная почта
宇宙	космос
怖い	страшный, ужасный
宇宙船	космический корабль
別の	другой
宇宙飛行士	космонавт, астронавт
※土井 隆雄	Дои Такао (1954-) – японский астронавт

II. Перевод

Речевые модели

1. С завтрашнего дня – в путешествие.
2. Хочу заниматься икебаной, поэтому не можете ли вы познакомить меня с хорошим преподавателем?

Примеры

1. Ватанабэ сан, вы иногда используете осакский диалект, да?
   Вы жили в Осака?
   – Да, до 15 лет жила в Осака.
2. Какие интересные туфли. Где купили?
   – Купила в магазине «Эдоя». Это испанские туфли.
3. Почему вы опоздали?
   – Автобуса не было.
4. Вы участвуете в спортивном празднике?
   – Нет, не участвую. Спорт не очень люблю.
5. Я, вот, написал письмо по-японски, вы не могли бы проверить?
   – Конечно.
6. Я хотел бы побывать на «Эн-Эйч-Кэй», что для этого нужно сделать?
   – Туда можно прямо пойти. И всегда сможете посмотреть.

Диалог

Куда можно вынести мусор?

Администратор:	Г-н Миллер, вы уже разобрали вещи после переезда?
Миллер:	Да, в основном разобрал.
	Вот хочу выбросить мусор, куда его можно вынести?
Администратор:	Сгораемый мусор выносится утром в понедельник, среду и пятницу.
	Помойка рядом с парковкой.
Миллер:	А когда бутылки и банки?
Администратор:	Несгораемый мусор – в субботу.
Миллер:	Понятно. И кроме того, у меня нет горячей воды...
Администратор:	Позвоните в газовую компанию, и они сразу приедут.
Миллер:	Что же делать... М-м, телефона же нет.
	Извините, а вы не могли бы позвонить?
Администратор:	Да, конечно.
Миллер:	Будьте любезны, прошу вас.

III. Справочная информация

ごみの出し方 ПРАВИЛА УТИЛИЗАЦИИ МУСОРА

В целях сокращения общего количества мусора и ускорения процесса его переработки, бытовой мусор сортируется по видам, каждый из которых выбрасывается в определённые дни. Место и дни сбора мусора различны в разных районах, но в качестве примера рассмотрим следующий.

ごみ収集日のお知らせ
Объявление о днях сбора мусора

可燃ごみ（燃えるごみ）
Сжигаемый (сгораемый) мусор

収集日：月・水・金曜日
Дни сбора: понедельник, среда, пятница

紙くず　　　　　　бумажный мусор

生ごみ　　　　　　пищевые отходы

不燃ごみ（燃えないごみ）
Несжигаемый (несгораемый) мусор

収集日：木曜日
Дни сбора: четверг

ガラス製品　　　　изделия из стекла

プラスチック製品　изделия из пластмассы

金属製台所用品　　металлические кухонные принадлежности

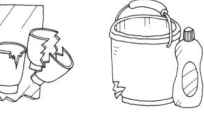 

7

粗大ごみ
Крупногабаритный мусор

収集日：第3火曜日
Дни сбора: 3-й вторник месяца

家具　　　　　　　мебель

家庭電化製品　　　бытовые электроприборы

自転車　　　　　　велосипеды

資源ごみ
Вторичное сырьё

収集日：第2、第4火曜日
Дни сбора: 2-й и 4-й вторник месяца

空き缶　　　　　　металлические банки

空きびん　　　　　стеклотара

古新聞　　　　　　макулатура

IV. Грамматика

1.

ГЛАГ	нейтральная форма	
い -ПРИЛ	нейтральная форма	んです
な -ПРИЛ	нейтральная форма	
СУЩ	〜だ→〜な	

Речевая конструкция на「〜んです」выражает уверенное изложение причин, мотиваций, оснований и т.п., относящихся к настоящему, будущему или прошедшему времени.「〜んです」используется в разговорной, а「〜のです」– в письменной речи. Рассмотрим примеры употребления「〜んです」:

1) 〜んですか

Этот вопрос употребляется в следующих случаях:

(1) Говорящий, догадываясь о причинах увиденного или услышанного, проверяет правильность своей догадки.

① 渡辺さんは 時々 大阪弁を 使いますね。   Ватанабэ сан, вы иногда используете осакский диалект, да?

大阪に 住んで いたんですか。   Вы жили в Осака?

…ええ、15歳まで 大阪に 住んで いました。   – Да, до 15 лет я жила в Осака.

(2) Говорящий желает получить более подробные объяснения по поводу увиденного или услышанного.

② おもしろい デザインの 靴ですね。   Какие интересные туфли.
どこで 買ったんですか。   Где купили?
…エドヤストアで 買いました。   – Купила в магазине «Эдоя».

(3) Говорящий желает получить объяснение причин увиденного или услышанного.

③ どうして 遅れたんですか。   Почему вы опоздали?

(4) Говорящий просит или требует объяснить ситуацию.

④ どう したんですか。   Что случилось? (В чём дело?)

<u>Примечание</u>: Иногда в предложении с「〜んですか」содержится удивление, недоумение, подозрение или сильное любопытство говорящего. Необходимо осторожно относиться к употреблению этого выражения, поскольку неподходящее его использование может смутить собеседника.

2) 〜んです

Это выражение употребляется в следующих случаях:

(1) Приводится причина или мотивировка в ответ на вопросы, подобные данным выше в пункте 1) примерам ③ и ④ .

⑤ どうして 遅れたんですか。   Почему опоздали?
…バスが 来なかったんです。   – Автобуса не было.

⑥ どう したんですか。   Что случилось? (В чём дело?)
…ちょっと 気分が 悪いんです。   – Неважно себя чувствую.

(2) Говорящий добавляет к сказанному причину или мотивировку.

⑦ 毎朝 新聞を 読みますか。　　　　　　　По утрам читаете газеты?

…いいえ。時間が ないんです。　　　　– Нет, (у меня) нет времени.

Примечание: 「〜んです」не используется просто для изложения действительности, как например,

わたしは マイク・ミラーです。　　　　Я Майк Миллер.

× わたしは マイク・ミラーなんです。

3) 〜んですが、〜

「〜んですが」используется для смены темы. После 「〜んですが」следует выражение просьбы, приглашения или вопрос о разрешении чего-либо. В этом случае 「が」позволяет плавно перейти к следующему предложению и выражает застенчивость, даже некоторое стеснение говорящего, подобающие при выражении просьбы. Как показано в примере ⑩, если следующая за 「〜んですが」часть высказывания очевидна для обоих собеседников, то она часто опускается.

⑧ 日本語で 手紙を 書いたんですが、　　Я, вот, написал письмо по-японски,
ちょっと 見て いただけませんか。　　не могли бы вы его проверить?

⑨ NHKを 見学したいんですが、　　　　Я хотел бы побывать на «Эн-Эйч-
どう したら いいですか。　　　　　Кэй», что для этого нужно сделать?

⑩ お湯が 出ないんですが……。　　　　　(У меня) нет горячей воды...

2. | ГЛАГ て-форма いただけませんか |　　ВЕЖЛИВОЕ ВЫРАЖЕНИЕ ПРОСЬБЫ

Это выражение просьбы является более вежливым, чем 「〜て ください」.

⑪ いい 先生を 紹介して いただけませんか。　　Не можете ли вы познакомить меня с хорошим преподавателем?

3. | Вопросительное слово ГЛАГ た-форма ら いいですか |　　Что / Когда / Куда } лучше (мне)
Где / Как и т.п. } сделать?

⑫ どこで カメラを 買ったら いいですか。　　Где лучше купить фотоаппарат?
⑬ 細かい お金が ないんですが、どう したら いいですか。　　Мелочи нет, как же быть?

Речевая конструкция 「〜たら いいですか」выражает просьбу к собеседнику дать совет или рекомендацию о том, как следует поступить говорящему. Так в примере ⑫ говорящий хочет купить фотоаппарат, но не знает, где их продают, и просит собеседника порекомендовать хороший магазин фотоаппаратов.

4. | СУЩ (дополнение) は | 好きです／嫌いです 上手です／下手です あります и т. д. |　　ВЫРАЖЕНИЕ ПРЕДПОЧТЕНИЯ, УМЕНИЯ ИЛИ СПОСОБНОСТИ, НАЛИЧИЯ

⑭ 運動会に 参加しますか。　　　　　　Вы участвуете в соревнованиях?

…いいえ。スポーツは あまり　　　　– Нет (, не участвую).
好きじゃ ないんです。　　　　　　　Спорт не очень люблю.

Как было представлено в Уроках 10 и 17 (часть 1-ая), подлежащее, а также оформленное частицей 「を」прямое дополнение, могут становиться темой высказывания и оформляться в этом случае частицей 「は」. Дополнение, которое обычно оформляется частицей 「が」, также может быть оформлено частицей 「は」и тем самым преобразовано в тему высказывания.

Урок 27

I. Новые слова

かいます Ⅰ	飼います	разводить, держать (домашнее животное)
たてます Ⅱ	建てます	строить
はしります Ⅰ	走ります	бежать; вести машину
[みちを～]	[道を～]	[～ по дороге]
とります Ⅰ	取ります	брать
[やすみを～]	[休みを～]	[～ отпуск]
みえます Ⅱ	見えます	быть видным, виднеться
[やまが～]	[山が～]	[гора ~]
きこえます Ⅱ	聞こえます	быть слышным, слышаться
[おとが～]	[音が～]	[звук ~]
できます Ⅱ		быть построенным, сделанным, завершённым
[くうこうが～]	[空港が～]	[аэропорт ~]
ひらきます Ⅰ	開きます	открывать
[きょうしつを～]	[教室を～]	[～ класс, студию, секцию]
ペット		домашнее животное
とり	鳥	птица
こえ	声	голос
なみ	波	волна
はなび	花火	фейерверк, салют
けしき	景色	пейзаж, вид
ひるま	昼間	дневное время
むかし	昔	давно
どうぐ	道具	инструмент
じどうはんばいき	自動販売機	торговый автомат
つうしんはんばい	通信販売	торговля по каталогу, система «Товары - почтой»
クリーニング		химчистка; приёмный пунк химчистки
マンション		квартира; многоквартирный дом
だいどころ	台所	кухня
～きょうしつ	～教室	класс ..., студия ..., секция ...
パーティールーム		помещение для проведения мероприятий, торжеств
～ご	～後	спустя, через (какой-то промежуток времени)
～しか		только, лишь (что-то, кто-то – употребляется в отрицательных конструкциях)
ほかの		другой, иной

はっきり	ясно, чётко
ほとんど	почти
※関西空港	Кансайский международный аэропорт
※秋葉原	Акихабара – район в Токио, где сосредоточена торговля электротоварами и электроникой
※伊豆	Идзу – полуостров в префектуре Сидзуока

◀ 会話 ▶

日曜大工	плотничать, мастерить что-либо своими руками по выходным
本棚	книжная полка
夢	сон, мечта (～を みます видеть сон, мечтать)
いつか	когда-то, когда-нибудь
家	дом
すばらしい	прекрасный, замечательный

.... 読み物　Внеклассное чтение ....

子どもたち	дети
大好き [な]	самый любимый
漫画	мультфильм, комикс
主人公	герой, главный персонаж
形	форма
ロボット	робот
不思議 [な]	странный, таинственный, чудесный
ポケット	карман
例えば	например
付けます Ⅱ	присоединять, прикреплять (*что-то к чему-то*)
自由に	свободно
空	небо
飛びます Ⅰ	летать, лететь
自分	сам
将来	будущее
※ドラえもん	имя похожего на кота популярного существа, героя мультфильмов и комиксов

II. Перевод

Речевые модели

1. Я немного могу говорить по-японски.
2. С вершины горы виден город.
3. Перед станцией построили большой супермаркет.

Примеры

1. Вы можете читать японские газеты?
   – Нет, не могу.
2. На сколько дней можно взять летний отпуск в фирме «Пауэр-Дэнки»?
   – Как вам сказать... Недели на три.
   О-о, хорошо. У нас в фирме можно всего лишь на неделю.
3. В этом доме разрешается держать животных?
   – Маленьких птиц или аквариумных рыб – пожалуйста, а собак и кошек – нельзя.
4. Из Токио видна гора Фудзи?
   – Раньше была хорошо видна, а сейчас почти нет.
5. Слышны птичьи голоса.
   – Да, уже весна.
6. Когда закончили строительство Кансайского аэропорта?
   – Осенью 1994 года.
7. Какая симпатичная сумка. Где вы её купили?
   – Заказала по каталогу.
   А в универмагах такие есть?
   – Думаю, что в универмагах нет.

Диалог

Вы можете смастерить всё, что угодно?

Судзуки: Светлая, чудесная комната!

Миллер: Да, в погожие дни видно море.

Судзуки: Очень интересный столик, не так ли?
          В Америке купили?

Миллер: Это я сам сделал.

Судзуки: О-о, в самом деле?

Миллер: Да. Плотничать по выходным – моё хобби.

Судзуки: Правда? Что, и ту книжную полку тоже сами сделали?

Миллер: Да.

Судзуки: Здорово! Г-н Миллер, вы, наверное, можете смастерить всё, что угодно.

Миллер: Моя мечта – когда-нибудь самому построить дом.

Судзуки: Прекрасная мечта.

III. Справочная информация

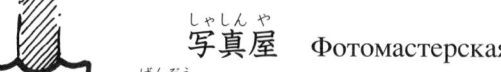

近_{ちか}くの店_{みせ}　БЛИЖАЙШИЕ МАГАЗИНЫ

写真屋_{しゃしんや}　Фотомастерская

現像_{げんぞう}	проявка
プリント	контактная печать
焼き増し_{や ま}	дополнительная печать, дополнительные отпечатки
引き伸ばし_{ひ の}	увеличение
ネガ	негатив
スライド	слайд
サービスサイズ	стандартный размер
パノラマサイズ	панорамный размер

クリーニング屋_や　Чистка одежды

ドライクリーニング	химчистка
水洗い_{みずあら}	стирка
染み抜き_{し ぬ}	удаление (выведение) пятен
防水加工_{ぼうすい かこう}	водоотталкивающая пропитка
サイズ直し_{なお}	подгонка размера
縮む_{ちぢ}	садиться, сжиматься
伸びる_の	растягиваться, увеличиваться

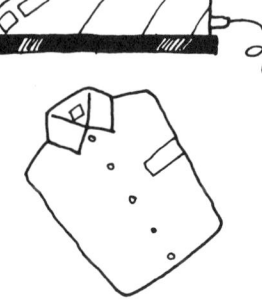

コンビニ　Магазин круглосуточной торговли (24-хчасовой магазин)

宅配便の受付_{たくはいびん うけつけ}	приём посылок
写真現像_{しゃしんげんぞう}	проявка и печать фотографий
公共 料金振り込み_{こうきょうりょうきん ふ こ}	приём коммунальных платежей
コピー、ファクス	ксерокопирование, факс
はがき、切手の販売_{きって はんばい}	продажа открыток, марок
コンサートチケットの販売_{はんばい}	продажа концертных и театральных билетов

IV. Грамматика

1. Потенциальный залог глаголов

Правила образования потенциального залога см. Учебник, Урок 27, стр. 12, упражнение А1.

		потенциальный залог	
		вежливая форма	нейтральная форма
I	かきます	かけます	かける
	かいます	かえます	かえる
II	たべます	たべられます	たべられる
III	きます	こられます	こられる
	します	できます	できる

Глаголы в потенциальном залоге, будучи глаголами 2-ой группы спряжения, имеют словарную форму, ない-форму, て-форму и т.д.

напр.: かける, かけ(ない), かけて

Глагол「わかる」сам по себе выражает потенциальность (возможность) и не принимает форму「わかれる」.

2. Предложения с глаголами в потенциальном залоге

1) Глаголы в потенциальном залоге выражают не действия, а состояния. Как вы помните, прямое дополнение при переходном глаголе оформляется частицей「を」, однако в предложениях с глаголом в потенциальном залоге объект, как правило, оформляется частицей「が」.

① わたしは 日本語を 話します。　　　　Я говорю по-японски.

② わたしは 日本語が 話せます。　　　　Я могу говорить по-японски.

Подобная перемена происходит только с частицей「を」, другие частицы сохраняются.

③ 一人で 病院へ 行けますか。　　　　Вы сможете один пойти в больницу?

④ 田中さんに 会えませんでした。　　　Я не смог встретиться с Танака сан.

2) Глаголы в потенциальном залоге передают следующие два значения: способность кого-либо сделать что-либо (пример ⑤) и возможность действия в названной ситуации (пример ⑥).

⑤ ミラーさんは 漢字が 読めます。　　　Г-н Миллер может читать иероглифы.

⑥ この 銀行で ドルが 換えられます。　В этом банке можно обменять доллары.

3.「見えます」и「聞こえます」

Формой потенциального залога глаголов「みます」и「ききます」будут соответственно「みられます」и「きけます」, которые выражают осуществимость желания субъекта что-либо посмотреть или послушать. А глаголы「みえます」и「きこえます」выражают, что независимо от воли или намерений субъекта (деятеля) какой-то объект попадает в поле его зрения, а какой-то звук или голос достигает ушей. В предложениях с глаголами「みえます」и「きこえます」видимые или слышимые объекты становятся подлежащими и оформляются частицей「が」.

⑦ 新宿で 今 黒沢の 映画が 見られます。　В (районе) Синдзюку сейчас можно посмотреть фильмы Куросава.

⑧ 新幹線から 富士山が 見えます。　　　Из экспресса «Синкансэн» видна гора Фудзи.

⑨ 電話で 天気予報が 聞けます。　　　　По телефону можно прослушать (узнать) прогноз погоды.

⑩ ラジオの 音が 聞こえます。　　　　　Слышен звук радио.

4. できます

Глагол 「できます」 часто выступает в значениях «произойти», «появиться», «стать завершённым, построенным», «быть сделанным, законченным» и т. п.

⑪ 駅の 前に 大きい スーパーが できました。 — Около станции построили большой супермаркет.

⑫ 時計の 修理は いつ できますか。 — Когда будут отремонтированы часы?

5. は

1) では／には／へは／からは／までは **и т. д.**

Частица 「は」 используется для выделения существительного в качестве темы высказывания. Как было представлено в Уроках 10, 17 и 26, частица 「が」, оформляющая подлежащее, или частица 「を」, оформляющая прямое дополнение, а также частица 「が」, оформляющая дополнение, могут быть заменены на частицу 「は」, которая преобразует эти подлежащие или дополнения в тему высказывания. Что касается других частиц (например, で, に, へ и пр.), то они сохраняются, и 「は」 ставится после них.

⑬ わたしの 学校には アメリカ人の 先生が います。 — В моей школе есть учитель-американец.

⑭ わたしの 学校では 中国語が 習えます。 — В моей школе можно изучать китайский язык.

2) Частица 「は」 имеет функцию противопоставления.

⑮ きのうは 山が 見えましたが、きょうは 見えません。 — Вчера горы были видны, а сегодня – нет.

⑯ ワインは 飲みますが、ビールは 飲みません。 — Вино пью, а пиво – нет.

⑰ 京都へは 行きますが、大阪へは 行きません。 — Я поеду в Киото, но в Осака не поеду.

6. も

Также, как и в случае с частицей 「は」, если частица 「も」 используется вместе с другими частицами, то она заменяет 「を」 или 「が」, но ставится после других частиц. Частица へ может быть опущена.

⑱ クララさんは 英語が 話せます。フランス語も 話せます。 — Клара может говорить по-английски. А также и по-французски.

⑲ 去年 アメリカへ 行きました。メキシコ[へ]も 行きました。 — В прошлом году я ездил в Америку. А также и в Мексику.

⑳ わたしの 部屋から 海が 見えます。弟の 部屋からも 見えます。 — Из моей комнаты видно море. Из комнаты брата тоже (видно).

7. しか

「しか」 ставится после имён существительных, числительных и т.д. и обычно употребляется для выражения отрицания: выделяется только оформленное 「しか」, им ограниченное, а всё остальное отрицается. 「しか」 заменяет частицы 「が」 или 「を」, но ставится после других частиц. При употреблении 「だけ」 высказывание имеет позитивный нюанс, а при употреблении 「しか」 – негативный.

㉑ ローマ字しか 書けません。 — (К сожалению,) не умею писать ничего, кроме латинских букв. (Жаль, но) могу писать лишь латинскими буквами.

㉒ ローマ字だけ 書けます。 — Умею писать только латинскими буквами.

Урок 28

I. Новые слова

うれます II	売れます	продаваться
［パンが～］		［хлеб ～]
おどります I	踊ります	танцевать
かみます I		кусать, жевать
えらびます I	選びます	выбирать
ちがいます I	違います	отличаться, быть другим
かよいます I	通います	посещать, ходить в/на
［だいがくに～]	［大学に～]	［～ университет]
メモします III		делать записи, записывать
まじめ[な]		серьёзный, добросовестный
ねっしん[な]	熱心[な]	усердный, старательный, увлечённый
やさしい	優しい	добрый, ласковый, нежный
えらい	偉い	выдающийся, достойный восхищения; Молодец!
ちょうど いい		точно соответствующий, подходящий
しゅうかん	習慣	обычай
けいけん	経験	опыт
ちから	力	сила
にんき	人気	популярность ([がくせいに] ～が あります быть популярным, пользоваться популярностью [у учащихся])
かたち	形	форма
いろ	色	цвет
あじ	味	вкус
ガム		жевательная резинка
しなもの	品物	товар
ねだん	値段	цена
きゅうりょう	給料	зарплата
ボーナス		премия, бонус
ばんぐみ	番組	передача
ドラマ		драма, сериал
しょうせつ	小説	роман, рассказ

しょうせつか	小説家	писатель, беллетрист
かしゅ	歌手	певец, певица
かんりにん	管理人	администратор
むすこ	息子	сын (говорящего)
むすこさん	息子さん	сын (2-го или 3-го лица)
むすめ	娘	дочь (говорящего)
むすめさん	娘さん	дочь (2-го или 3-го лица)
じぶん	自分	сам, сама
しょうらい	将来	будущее
しばらく		некоторое время
たいてい		обычно, в основном, в большинстве случаев
それに		к тому же, более того
それで		итак; поэтому

◁会話▷

［ちょっと］お願い(ねが)が あるんですが。	У меня небольшая просьба...
ホームステイ	проживание в семье по системе «home stay»
会話(かいわ)	диалог
おしゃべりします Ⅲ	говорить, разговаривать, болтать

28

.... 読み物 Внеклассное чтение ....

お知らせ(し)	объявление
日(ひ)にち	дата
土(ど)	суббота
体育館(たいいくかん)	спортзал
無料(む りょう)	бесплатно

II. Перевод

Речевые модели

1. Я ем, слушая музыку.
2. Каждое утро я бегаю.
3. На метро быстрее и дешевле – поедем на метро.

Примеры

1. Когда клонит в сон, я веду машину, жуя жвачку.
   – Вот как? А я останавливаю машину, чтобы немного вздремнуть.
2. Таро, нельзя заниматься, смотря телевизор!
   – Хорошо.
3. Он работает и при этом учится в университете.
   – Правда? Какой молодец!
4. Чем вы обычно занимаетесь в выходные?
   – М-м, чаще всего рисую.
5. Профессор Уатт увлечённый, серьёзный, и к тому же у него есть опыт.
   – Да, он хороший преподаватель.
6. Танака сан, вы ведь часто путешествуете, а за границу не ездите, не так ли?
   – М-м, что сказать? И языков не знаю, и обычаи другие, так что путешествие за границу – дело тяжёлое!
7. Почему вы выбрали Университет Сакура?
   – Университет Сакура заканчивал мой отец, там много хороших преподавателей, и к тому же близко от дома.

Диалог

За чашкой чая...

Огава Сатико:	Г-н Миллер, у меня к вам небольшая просьба.
Миллер:	Слушаю Вас.
Огава Сатико:	Вы не могли бы позаниматься английским языком с моим сыном? На летние каникулы он едет в Австралию и будет жить там в семье, но он не может говорить по-английски.
Миллер:	Я бы с удовольствием, но вот со временем ...
Огава Сатико:	Хотя бы за чашкой немного поговорить.
Миллер:	М-м, но у меня частые командировки, да и экзамен по японскому уже скоро ... К тому же, до сих пор мне не доводилось преподавать ...
Огава Сатико:	Значит, никак? Жаль ...
Миллер:	Извините, пожалуйста.

III. Справочная информация

うちを借りる　АРЕНДА ЖИЛЬЯ

Как следует понимать объявления об аренде жилья

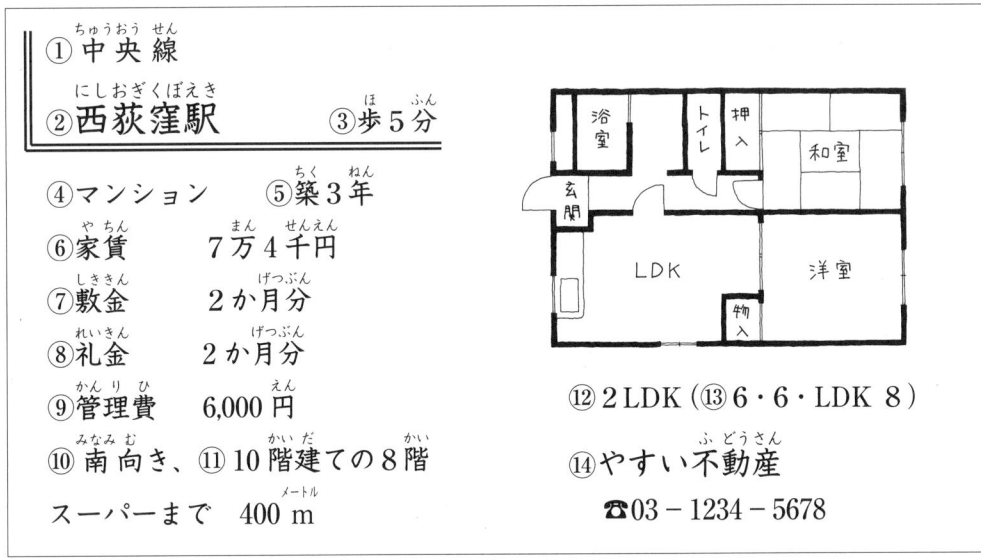

① 中央線
② 西荻窪駅　③ 歩5分
④ マンション　⑤ 築3年
⑥ 家賃　7万4千円
⑦ 敷金　2か月分
⑧ 礼金　2か月分
⑨ 管理費　6,000円
⑩ 南向き、⑪ 10階建ての8階
スーパーまで　400 m

⑫ 2LDK（⑬ 6・6・LDK 8）
⑭ やすい不動産
☎ 03 - 1234 - 5678

① железнодорожная линия «Тюо»
② «Ниси-Огикубо» – ближайшая к дому станция
③ от станции 5 минут пешком
④ железобетонный многоэтажный дом
　※ アパート　　　одно- или двухэтажный многоквартирный деревянный или панельный дом
　一戸建て　　　отдельный дом коттеджного типа
⑤ построен 3 года назад (сколько лет прошло с момента постройки)
⑥ арендная плата
⑦ залог
　※ Сумма, получаемая домовладельцем в качестве залога. По окончании аренды часть этой суммы возвращается.
⑧ единовременный первоначальный взнос
　※ Сумма, выплачиваемая домовладельцу при заключении договора об аренде в качестве «благодарности».
⑨ плата за административное обслуживание и общие коммунальные услуги
⑩ окна выходят на юг (ориентация по сторонам света)
⑪ 8-ой этаж 10-этажного дома
⑫ гостиная-столовая-кухня и 2 спальные комнаты
⑬ площадь каждой комнаты указывается в «татами», напр., 6 татами (= 6畳)
　※ '畳' татами – единица измерения площади жилых помещений
　1畳　площадь циновки «татами» (ок. 180 × 90 см).
⑭ название риэлтерской компании

IV. Грамматика

1. ГЛАГ₁ ます-форма ながら ГЛАГ₂

Эта речевая конструкция указывает, что один и тот же субъект в названный отрезок времени совершает одновременно два действия (ГЛАГ₁, ГЛАГ₂), причем действие ГЛАГ₂ понимается как главное, а действие ГЛАГ₁ как второстепенное.

① 音楽を 聞きながら 食事します。　　　Я ем, слушая музыку.

Эта же речевая конструкция используется и в случае, когда два действия совершаются параллельно на протяжении определённого длительного периода времени.

② 働きながら 日本語を 勉強して います。　　　Я работаю и учу японский язык.

2. ГЛАГ て-форма います

Эта речевая конструкция указывает, что какое-то действие совершается постоянно, по привычке или обыкновению. Если привычное действие совершалось в прошлом, то используется 「ГЛАГ て-форма いました」.

③ 毎朝 ジョギングを して います。　　　Каждое утро я бегаю.

④ 子どもの とき、毎晩 8時に 寝て いました。　　　В детстве я каждый вечер ложился спать в 8 часов.

3. нейтральная форма し、～

1) Эта речевая конструкция используется для соединения однородных описаний. Например, если перечисляются несколько достоинств лица или предмета (темы), то посредством этой конструкции они могут быть соединены как однородные члены.

⑤ ワット先生は 熱心だし、まじめだし、経験も あります。　Профессор Уатт увлечённый, серьёзный, к тому же у него есть опыт.

2) Эта же речевая конструкция используется для выражения доводов или причин, когда их более двух. Присовокупляя последующие доводы или причины, говорящий хочет усилить уже ранее известные.

⑥ 駅から 近いし、車でも 来られるし、この 店は とても 便利です。　Этот магазин очень удобен – и от станции близко, и на машине можно подъехать.

Если вывод из сказанного очевиден, то он опускается, а излагаются только причины или доводы, как это показано в примере ⑦.

⑦ 息子に 英語を 教えて いただけませんか。　　　Вы не могли бы позаниматься английским языком с моим сыном?

…うーん、出張も 多いし、もうすぐ 日本語の 試験も あるし、……。　　　– М-м, но у меня частые командировки, да и экзамен по японскому уже скоро…

Хотя обычно конструкция с 「～し」 используется при наличии двух и более причин, но иногда приводится только одна из них. В этом случае, в отличие от конструкции с 「～から」, подразумевается, что существуют и другие причины.

⑧ 色も きれいだし、この 靴を 買います。　　　　И цвет красивый,... куплю эти туфли.

(т.е. есть также и другие причины.)

Как видно из примеров ⑤, ⑥, ⑦ и ⑧, в этой речевой конструкции часто употребляется частица「も」. Она выражает готовность говорящего привести дополнительные суждения или причины.

4.それに

「それに」используется для добавления ещё одного факта или обстоятельства к уже ранее приведённым или известным.

⑨ どうして さくら大学を 選んだんですか。　　Почему вы выбрали университет Сакура?

　…さくら大学は、父が 出た 大学だし、　　　– Университет Сакура окончил мой отец,

　いい 先生も 多いし、それに　　　　　　　　там много хороших преподавателей, и

　家から 近いですから。　　　　　　　　　　к тому же близко от дома.

5.それで

Союз「それで」связывает два высказывания причинно-следственной связью.

⑩ この レストランは 値段も 安いし、おいしいんです。　В этом ресторане и цены низкие,

и вкусно.

　…それで 人が 多いんですね。　　　　　　　– Поэтому и народу много.

6.よく この 喫茶店に 来るんですか

В этом предложении (см. упражнения уровня C 2) вместо обозначающей направление частицы「へ」используется частица「に」, указывающая пункт назначения. С глаголами движения, такими как「いきます」,「きます」,「かえります」,「しゅっちょうします」и т.п., могут употребляться и「СУЩ (место) へ」, и「СУЩ (место) に」.

21

Урок 29

I. Новые слова

あきます　Ⅰ	開きます	открываться, раскрываться, откупориваться
[ドアが〜]		[дверь ~]
しまります　Ⅰ	閉まります	закрываться
[ドアが〜]		[дверь ~]
つきます　Ⅰ		включаться
[でんきが〜]	[電気が〜]	[свет ~]
きえます　Ⅱ	消えます	выключаться, гаснуть, исчезать
[でんきが〜]	[電気が〜]	[свет ~]
こみます　Ⅰ	込みます	быть переполненным, людным, набитым, забитым
[みちが〜]	[道が〜]	[дорога ~]
すきます　Ⅰ		быть свободным, пустеть
[みちが〜]	[道が〜]	[дорога ~]
こわれます　Ⅱ	壊れます	ломаться, быть испорченным, не работать
[いすが〜]		[стул ~]
われます　Ⅱ	割れます	разбиваться
[コップが〜]		[стакан ~]
おれます　Ⅱ	折れます	ломаться, сломаться, гнуться
[きが〜]	[木が〜]	[дерево ~]
やぶれます　Ⅱ	破れます	рваться
[かみが〜]	[紙が〜]	[бумага ~]
よごれます　Ⅱ	汚れます	пачкаться, загрязняться
[ふくが〜]	[服が〜]	[одежда ~]
つきます　Ⅰ	付きます	быть прикреплённым, пришитым, приделанным
[ポケットが〜]		[карман ~]
はずれます　Ⅱ	外れます	расстегнуться, отстегнуться
[ボタンが〜]		[пуговица ~]
とまります　Ⅰ	止まります	останавливаться
[エレベーターが〜]		[лифт ~]
まちがえます　Ⅱ		ошибаться
おとします　Ⅰ	落とします	ронять, терять
かかります　Ⅰ	掛かります	действовать, поворачиваться, запирать, быть
[かぎが〜]		запертым [~ на ключ]

[お]さら	[お]皿	тарелка
[お]ちゃわん		миска для риса
コップ		стакан

ガラス		стекло
ふくろ	袋	мешок, пакет
さいふ	財布	кошелёк
えだ	枝	ветвь, ветка
えきいん	駅員	служащий станции (вокзала)
この へん	この 辺	в этом районе, поблизости, по соседству
〜 へん	〜 辺	окрестности
このくらい		примерно такой (по величине)
おさきに どうぞ。	お先に どうぞ。	Пожалуйста, вы первый (прошу вперёд).
［ああ，］よかった。		Ну, замечательно! А-а, пронесло! Слава Богу! (выражение облегчения)

◁会 話▷

今の 電車	только что отошедший поезд
忘れ物	забытая вещь
〜側	- сторона
ポケット	карман
覚えて いません。	Не помню.
網棚	багажная полка
確か	точно, определённо, достоверно
※四ツ谷	название станции в Токио

.... 読み物　Внеклассное чтение ....

地震	землетрясение
壁	стена
針	стрелка (часов)
指します Ⅰ	показывать, указывать
駅前	перед станцией, около станции (вокзала)
倒れます Ⅱ	падать, опрокидываться
西	запад
方	направление
※三宮	название места в Кобе

II. Перевод

Речевые модели

1. Окно закрыто.
2. Этот (торговый) автомат сломан.
3. Я забыл зонт в поезде.

Примеры

1. Зал заседаний заперт на ключ.
   – Тогда скажем Ватанабэ сан и попросим открыть.
2. Можно воспользоваться этим факсом?
   – Этот неисправен, воспользуйтесь тем.
3. Где вино, которое принёс г-н Шмит?
   – Мы все вместе всё выпили.
4. Вы не идёте обедать?
   – Извините, я буду дописывать это письмо, так что не ждите (идите раньше).
5. Вы успели на Синкансэн?
   – Нет, дорога была забита, так что опоздал.
6. Я потерял билет, как быть?
   – Скажите об этом стоящему там служащему станции.

Диалог

Я забыла вещи

И:	Извините, я забыла вещи в только что отошедшем поезде ...
Служащий станции:	Что вы забыли?
И:	Синюю сумку, примерно вот такую...
	С наружной стороны с большим карманом.
Служащий:	А где (забыли)?
И:	Точно не помню. Скорее всего положила на багажную полку.
Служащий:	Что в ней было?
И:	М-м, точно помню, что книга и зонт.
Служащий:	Хорошо, сейчас позвоню, поэтому немного подождите.

Служащий:	Нашлась!
И:	Слава Богу!
Служащий:	Она сейчас на станции Ёцуя, что будете делать?
И:	Сейчас поеду получить.
Служащий:	Тогда обратитесь в служебную комнату на станции Ёцуя.
И:	Хорошо. Большое вам спасибо.

III. Справочная информация

じょうたい・ようす
状態・様子　СОСТОЯНИЕ, ВИД

太っている (ふと)
быть толстым

やせている
быть худым

膨らんでいる (ふく)
быть распухшим,
раздутым

穴が開いている (あな) (あ)
быть дырявым
(с прорехой)

曲がっている (ま)
быть гнутым,
изогнутым

ゆがんでいる
быть неровным

へこんでいる
быть вогнутым,
вдавленным

ねじれている
быть
перекрученным

欠けている (か)
быть отбитым (со щербиной)

ひびが入っている (はい)
быть треснувшим, треснуть

腐っている (くさ)
быть испорченным,
протухшим,
испортиться

乾いている (かわ)
быть сухим,
высохнуть

ぬれている
быть мокрым,
намокнуть

凍っている (こお)
быть замёрзшим, замёрзнуть
(превратиться в лёд)

IV. Грамматика

1. | **ГЛАГ て-форма います** |

С помощью речевой конструкции 「ГЛАГ て-форма います」 описывается состояние или положение вещей, которое наступает в результате полностью завершённого действия, выраженного глаголом.

1) | **СУЩ が ГЛАГ て-форма います** |

① 窓が 割れて います。   Окно разбито.
② 電気が ついて います。   Свет включён (электричество включено).

В приведённых примерах говорящий описывает внешние признаки, которые он наблюдает в настоящий момент. Субъект действия или состояния оформляется частицей 「が」. Пример ① показывает, что «окно разбилось в прошлом, и этот результат остаётся и в настоящее время (= оно разбито)». Глаголы, которые используются в этой речевой конструкции, являются непереходными и указывают на движения или действия, завершающиеся мгновенно. Например, такие глаголы, как: 「こわれます」, 「きえます」, 「あきます」, 「こみます」 и др.

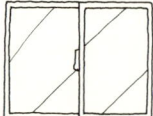 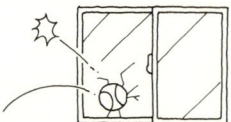 

窓が 割れました   窓が 割れて います

Точно так же для описания состояний, наблюдавшихся в прошлом, используется конструкция 「ГЛАГ て-форма いました」.

③ けさは 道が 込んで いました。   Сегодня утром дорога была забита.

2) | **СУЩ は ГЛАГ て-форма います** |

Если субъект действия или состояния рассматривается в качестве темы высказывания, то оформляется частицей 「は」. В примере ④ говорящий, используя указательное местоимение 「この」, указывает на конкретный стул в качестве темы и сообщает собеседнику о состоянии этого данного стула.

④ この いすは 壊れて います。   Этот стул сломался.

2. | **ГЛАГ て-форма しまいました／しまいます** |

Речевая конструкция 「ГЛАГ て-форма しまいました」 подчёркивает, что действие или происшествие завершилось полностью.

⑤ シュミットさんが 持って 来た ワインは 全部 飲んで しまいました。   Вино, которое принёс г-н Шмит, всё выпили.
⑥ 漢字の 宿題は もう やって しまいました。   Домашнее задание по иероглифам уже полностью сделал.

Конструкция「ГЛАГました」также может выражать завершённость действия, но конструкция「ГЛАГて-форма しまいました」указывает на законченность как безвозвратность. Высказывание часто содержит наречия「もう」и/или「ぜんぶ」, которые также подчёркивают завершённость. Так в примере ⑤ акцентируется результат: «вина совершенно не осталось», а в примере ⑥ подразумевается и психологическое удовлетворение говорящего: «Можно успокоиться, не волноваться».

Конструкция「ГЛАГて-форма しまいます」означает, что завершённость действия будет иметь место в будущем.

⑦ 昼ごはんまでに レポートを 書いて しまいます。　Я напишу доклад до обеда.

3. 「ГЛАГ て-форма しまいました」

Эта речевая конструкция выражает растерянность, замешательство, затруднение или даже сожаление, расскаяние говорящего в связи со сложной ситуацией.

⑧ パスポートを なくして しまいました。　Я потерял паспорт.
⑨ パソコンが 故障して しまいました。　Компьютер сломался.

Хотя факт утраты паспорта или неисправности компьютера может быть выражен и с помощью формы прошедшего времени「なくしました」или「こしょうしました」, но примеры ⑧ и ⑨ сообщают не только о самом факте, но и выражают сожаление или затруднение говорящего в связи с этим фактом.

4.ありました

⑩〔かばんが〕ありましたよ。　[Портфель] найден.

В данном случае「ありましたよ」выражает не то, что «и раньше портфель был», а тот факт, что говорящий обнаружил: «портфель есть».

5.どこかで／どこかに

Как было представлено в Уроке 13, частица「へ」в「どこかへ」и частица「を」в「なにかを」могут опускаться. Однако это не допускается с частицами「で」в「どこかで」(⑪) и с частицей「に」в「どこかに」(⑫).

⑪ どこかで 財布を なくして しまいました。　Я где-то потерял кошелёк.
⑫ どこかに 電話が ありませんか。　Где-нибудь (по близости) нет телефона?

Урок 30

I. Новые слова

はります I		наклеивать
かけます II	掛けます	вешать
かざります I	飾ります	украшать, использовать для украшения
ならべます II	並べます	ставить, расставлять, выстраивать
うえます II	植えます	сажать, выращивать
もどします I	戻します	возвращать
まとめます II		собирать, обобщать
かたづけます II	片づけます	убирать, приводить в порядок
しまいます I		убирать, класть в/на (*куда-то*)
きめます II	決めます	решить, определить
しらせます II	知らせます	сообщать, информировать
そうだんします III	相談します	советоваться
よしゅうします III	予習します	готовиться к (следующему) занятию
ふくしゅうします III	復習します	повторять пройденное
そのままに します III		оставлять как есть, не трогать
おこさん	お子さん	ребёнок (2-го или 3-го лица)
じゅぎょう	授業	занятие, урок (в классе)
こうぎ	講義	лекция
ミーティング		собрание
よてい	予定	план, намерение
おしらせ	お知らせ	сообщение
あんないしょ	案内書	путеводитель
カレンダー		календарь
ポスター		афиша, плакат, постер
ごみばこ	ごみ箱	урна
にんぎょう	人形	кукла
かびん	花瓶	ваза
かがみ	鏡	зеркало
ひきだし	引き出し	ящик (выдвижной)
げんかん	玄関	прихожая
ろうか	廊下	коридор
かべ	壁	стена

いけ	池	пруд
こうばん	交番	полицейский пост, полицейский участок
もとの ところ	元の 所	прежнее место
まわり	周り	вокруг
まんなか	真ん中	середина, центр
すみ	隅	угол (внутренний)
まだ		пока
〜ほど		приблизительно, примерно

◁会話▷

予定表 <small>よていひょう</small>	расписание, программа
ご苦労さま。 <small>くろう</small>	Спасибо за труд. (используется старшими по положению или возрасту для выражения благодарности за труд младших)
希望 <small>きぼう</small>	надежда, желание
何か ご希望が ありますか。 <small>なに　　きぼう</small>	У вас есть какие-либо пожелания?
ミュージカル	мюзикл
それは いいですね。	Хорошо! Замечательно! и т.п.
※ブロードウェイ	Бродвей

.... 読み物　Внеклассное чтение ....

丸い <small>まる</small>	круглый
月 <small>つき</small>	луна
ある 〜	один –, некий –
地球 <small>ちきゅう</small>	Земля
うれしい	рад, счастлив
嫌［な］ <small>いや</small>	противный, ненавистный
すると	и тогда...
目が 覚めます Ⅱ <small>め　　　さ</small>	просыпаться

....

30

29

II. Перевод

Речевые модели

1. В полицейском участке висит (наклеена на стене) карта города.
2. Перед поездкой прочитаю путеводитель.

Примеры

1. Новый туалет на станции интересный, не так ли?
   – М-м? Правда?
   На стенах нарисованы цветы, животные.
2. Где клейкая лента?
   – Убрана в тот ящик.
3. Вы уже решили, как назвать ребёнка?
   – Нет. Подумаем, когда увидим лицо.
4. Что нужно сделать к следующему заседанию?
   – Прочитайте, пожалуйста, эти материалы.
5. Я бы хотел участвовать в волонтёрской деятельности, можно мне взять отпуск недели на две?
   – Две недели? Хорошо, я посоветуюсь с начальником отдела.
6. Как воспользуетесь ножницами, верните их, пожалуйста, на прежнее место.
   – Да, понятно.
7. Можно убрать материалы?
   – Нет, оставьте, пожалуйста, как есть. Я пока с ними работаю.

Диалог

Я забронирую для вас билет

Миллер: Накамура сан, план командировки в Нью-Йорк и прочие материалы готовы.

Накамура: Спасибо. Я посмотрю материалы позже, положите их туда, пожалуйста.

Миллер: Хорошо.

Накамура: А это план, да?
Вы уже связались с г-ном Уайтом?

Миллер: Да.
М-м.. в этот день во второй половине ничего не запланировано...

Накамура: Да, действительно.

Миллер: У вас есть какие-нибудь пожелания?

Накамура: Пожалуй, я хотела бы посмотреть мюзикл на Бродвее.

Миллер: (Это) замечательно! Давайте, я забронирую билет.

Накамура: Да, будьте любезны.

III. Справочная информация

位置　РАСПОЛОЖЕНИЕ

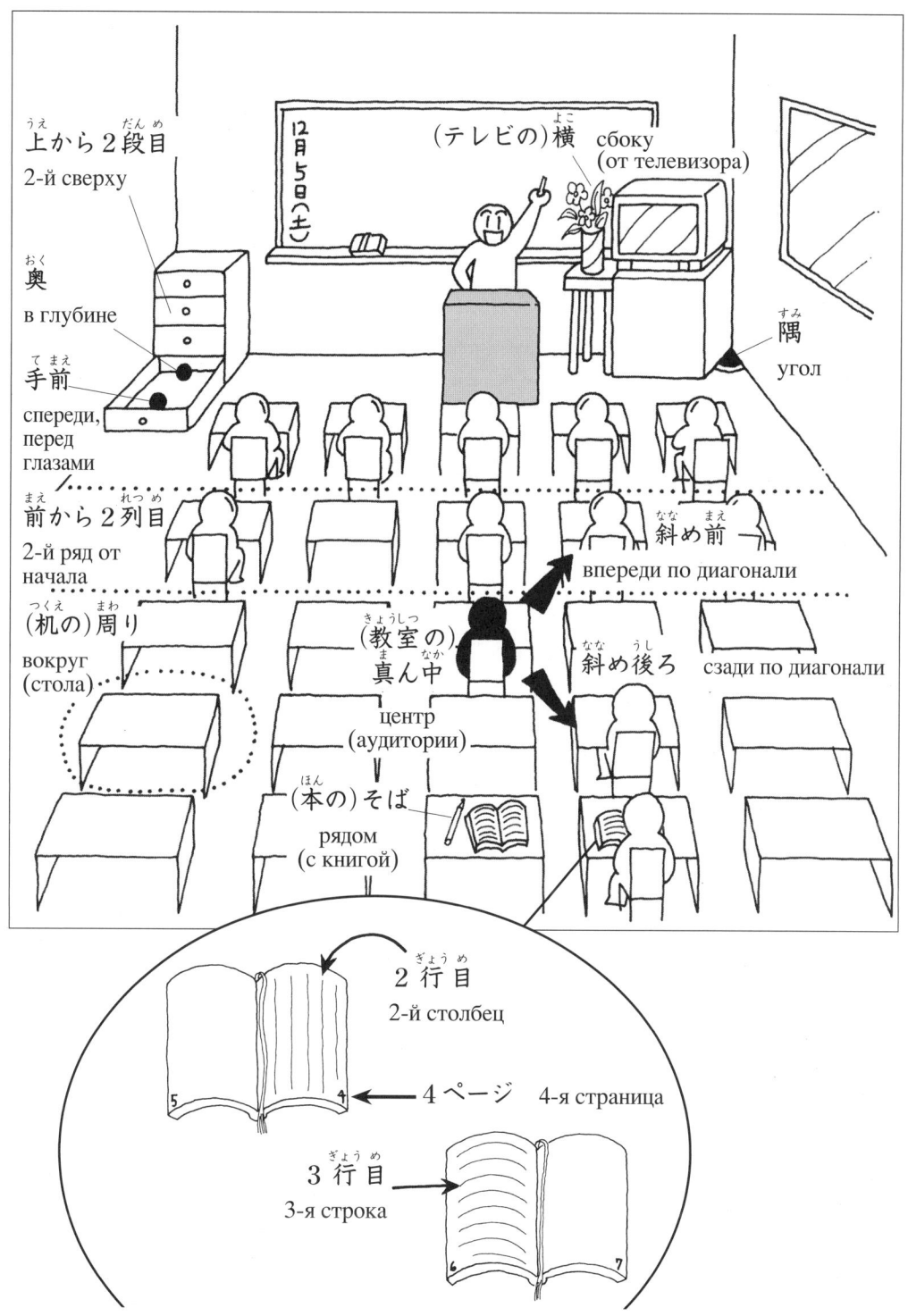

上から2段目
2-й сверху

奥
в глубине

手前
спереди, перед глазами

(テレビの)横
сбоку (от телевизора)

隅
угол

前から2列目
2-й ряд от начала

斜め前
впереди по диагонали

(机の)周り
вокруг (стола)

(教室の)真ん中
центр (аудитории)

斜め後ろ
сзади по диагонали

(本の)そば
рядом (с книгой)

2行目
2-й столбец

4ページ　4-я страница

3行目
3-я строка

IV. Грамматика

1. | **ГЛАГ て-форма** あります |

Речевая конструкция 「**ГЛАГ て-форма** あります」 выражает длительность результата какого-либо намеренно проделанного кем-либо действия, а также состояние, вызванное таким действием. В этой конструкции используются переходные глаголы, обозначающие волеизъявление.

<u>Примечание</u>: В японском языке глаголы подразделяются на волеизъявительные и неволеизъявительные. Волеизъявительные глаголы – это глаголы, обозначающие сознательные, т.е. осуществлённые по собственной воле субъекта (подлежащего) действия или поступки, напр., 「かく (писать)」 или 「よやくする (бронировать, заказывать)」 и т.п.

1) | **СУЩ₁ に СУЩ₂ が ГЛАГ て-форма** あります |

① 机の 上に メモが 置いて あります。　　　На столе лежит записка.

② カレンダーに 今月の 予定が 書いて あります。　В календаре записаны планы на этот месяц.

В примере ① указывается на состояние «записка лежит», возникшее в результате того, что кто-то положил записку на стол (с целью посмотреть позже). В примере ② указывается на состояние «планы записаны», возникшее в результате того, что кто-то записал в календаре планы на месяц (чтобы не забыть).

2) | **СУЩ₂ は СУЩ₁ に ГЛАГ て-форма** あります |

Эта речевая конструкция используется, если СУЩ₂ из речевой конструкции 1) рассматривается в качестве темы.

③ メモは どこですか。　　　　　　　　　　Где записка?

…[メモは] 机の 上に 置いて あります。　– (Она) лежит на столе.

④ 今月の 予定は カレンダーに 書いて あります。　Планы на этот месяц записаны в календаре.

3) Речевая конструкция 「ГЛАГ て-форма あります」 выражает состояние, возникшее в результате чьих-либо целенаправленных действий. Поэтому, как показано в примерах ⑤ и ⑥, эта конструкция может также обозначать завершенность некоторых приготовлений. Часто употребляется с наречием 「もう」.

⑤ 誕生日の プレゼントは もう 買って あります。　Подарок на день рождения уже куплен.

⑥ ホテルは もう 予約して あります。　　　　Гостиница уже забронирована.

<u>Примечание</u>: Различие между 「ГЛАГ て-форма います」 и 「ГЛАГ て-форма あります」

⑦ 窓が 閉まって います。　　　　　　　　Окно закрыто.

⑧ 窓が 閉めて あります。　　　　　　　　Окно закрыли (кто-то с определённой целью).

В примере ⑦ только излагается, в каком состоянии окно, в то время как пример ⑧ означает, что это состояние наступило в результате чьих-то (в том числе и самого говорящего) целенаправленных, запланированных действий. В конструкции 「ГЛАГ て-форма います」 почти всегда используются непереходные глаголы, а в конструкции 「ГЛАГ て-форма あります」 -переходные.

Многие непереходные и переходные глаголы образуют видовые пары (см. Учебник, стр. 228–229, таблица «Непереходных и переходных глаголов»).

2. ГЛАГ て-форма おきます

Эта речевая конструкция используется для выражения:

1) Завершение необходимого действия до определённого, установленного времени.

⑨ 旅行の まえに 切符を 買って おきます。　До поездки куплю билет.

⑩ 次の 会議までに 何を して おいたら いいですか。Что нужно сделать
до следующего заседания?

　…この 資料を 読んで おいて ください。　– Прочитайте, пожалуйста,
эти материалы.

2) Завершение необходимого действия, результатом которого будут пользоваться в дальнейшем, или действия, необходимого временно.

⑪ はさみを 使ったら、元の 所に 戻して おいて ください。　Как воспользуетесь
ножницами, верните их, пожалуйста, на прежнее место.

3) Сохранение, поддерживание существующего состояния, результата.

⑫ あした 会議が ありますから、いすは この ままに して おいて ください。

Завтра будет заседание, поэтому оставьте стулья, как есть.

Примечание: В разговорной речи 「〜て おきます」 часто произносится как 「〜て ときます」.

⑬ そこに 置いといて（置いて おいて） ください。　Оставьте это там, пожалуйста.

3. まだ ГЛАГ(утвердительная форма)　НАЗВАННОЕ ДЕЙСТВИЕ ЕЩЁ ПРОДОЛЖАЕТСЯ

⑭ まだ 雨が 降って います。　Ещё идёт дождь.

⑮ 道具を 片づけましょうか。　Давайте, я уберу инструменты.

　…まだ 使って いますから、その ままに して おいて ください。　– Я ими ещё
пользуюсь, поэтому оставьте так, пожалуйста.

В приведённых примерах 「まだ」 указывает, что действие или состояние «по-прежнему», «всё ещё», «пока» продолжается.

4. それは 〜

⑯ ブロードウェイで ミュージカルを 見たいと 思うんですが……。　Хотела бы посмотреть
мюзикл на Бродвее.

　…それは いいですね。　– Это замечательно!

⑰ 来月から 大阪の 本社に 転勤なんです。　Со следующего месяца меня переводят
в головной офис в Осака.

　…それは おめでとう ございます。　– Поздравляю (с этим)!　(Ур. 31)

⑱ 時々 頭や 胃が 痛く なるんです。　Иногда побаливают голова, желудок.

　…それは いけませんね。　– Это не годится.　(Ур. 32)

В примерах ⑯, ⑰ и ⑱ 「それ」 подразумевает непосредственно только что сказанное собеседником.

Урок 31

I. Новые слова

はじまります I	始まります	начинаться
[しきが〜]	[式が〜]	[церемония ~]
つづけます II	続けます	продолжать
みつけます II	見つけます	находить, отыскивать
うけます II	受けます	сдавать, держать
[しけんを〜]	[試験を〜]	[~ экзамен]
にゅうがくします III	入学します	поступать
[だいがくに〜]	[大学に〜]	[~ в университет]
そつぎょうします III	卒業します	заканчивать
[だいがくを〜]	[大学を〜]	[~ университет]
しゅっせきします III	出席します	присутствовать
[かいぎに〜]	[会議に〜]	[~ на заседании]
きゅうけいします III	休憩します	делать перерыв
れんきゅう	連休	два (и более) выходных дня, когда национальные праздники следуют один за другим, а также если национальный праздник предшествует субботе и воскресенью или следует за ними
さくぶん	作文	сочинение, эссэ
てんらんかい	展覧会	выставка
けっこんしき	結婚式	свадьба, церемония бракосочетания
[お]そうしき	[お]葬式	похороны
しき	式	церемония
ほんしゃ	本社	головной офис
してん	支店	филиал
きょうかい	教会	церковь
だいがくいん	大学院	аспирантура, магистратура
どうぶつえん	動物園	зоопарк
おんせん	温泉	горячий источник, гейзер
おきゃく[さん]	お客[さん]	посетитель, гость, покупатель, клиент
だれか		кто-то, кто-нибудь
〜の ほう	〜の 方	в направлении –

ずっと	постоянно
※ピカソ	Пабло Пикассо (1881 – 1973), испанский художник
※上野公園	парк Уэно (находится в Токио)

◁会話▷

残ります I	оставаться
月に	в месяц
普通の	обычный
インターネット	интернет

.... 読み物　Внеклассное чтение ....

村	деревня
映画館	кинотеатр
嫌［な］	неприятный, противный, ненавистный
空	небо
閉じます II	закрывать
都会	город
子どもたち	дети
自由に	свободно
世界中	во всём мире
集まります I	собираться
美しい	красивый
自然	природа
すばらしさ	красота, прекрасное
気が つきます I	замечать, обращать внимание

35

II. Перевод

Речевые модели

1. Давай выпьем. (Пойдём пропустим по рюмочке.)
2. В будущем думаю создать собственную фирму.
3. В следующем месяце покупаю (собираюсь купить) машину.

Примеры

1. Устал, да? Не передохнёшь ли чуть-чуть?
   – Да, пожалуй.
2. Что вы будете делать на Новый Год?
   – Думаю поехать с семьёй на горячие источники.
   Это замечательно!
3. Доклад уже готов?
   – Нет, ещё не написал.
     Собираюсь закончить к пятнице.
4. Ганс, и вернувшись на родину, будешь продолжать заниматься дзюдо?
   – Да, собираюсь продолжать.
5. Вы не поедете на родину в летние каникулы?
   – М-мм. Поскольку буду сдавать экзамены в магистратуру, в этом году не
     собираюсь (ехать).
6. С завтрашнего дня командировка в Нью-Йорк.
   – Да? Когда вернётесь?
   Планирую вернуться в пятницу на следующей неделе.

Диалог

Собираюсь освоить интернет

Огава:	Со следующего месяца буду жить один.
Миллер:	Как это?
Огава:	Сказать по правде, это перевод в Осака, в головной офис.
Миллер:	В головной офис? Поздравляю. Но почему один?
Огава:	Жена и ребёнок остаются в Токио.
Миллер:	Что, они не поедут с вами?
Огава:	Сын говорит, что, поскольку в будущем году вступительные экзамены в университет, то он останется в Токио, а жена говорит, что не хочет уходить с нынешней работы.
Миллер:	Вот оно что... Будете жить отдельно?
Огава:	Да. Но 2-3 раза в месяц на выходные собираюсь приезжать.
Миллер:	Это тяжело...
Огава:	Зато в будние дни будет свободное время, так что собираюсь освоить интернет.
Миллер:	А-а? Это тоже хорошо.

III. Справочная информация

せんもん
専門　НАУЧНАЯ СПЕЦИАЛИЗАЦИЯ, СПЕЦИАЛЬНОСТИ

いがく 医学	медицина	せいじがく 政治学	политология
やくがく 薬学	фармакология	こくさいかんけいがく 国際関係学	международные отношения
かがく 化学	химия	ほうりつがく 法律学	юриструденция
せいかがく 生化学	биохимия	けいざいがく 経済学	экономика
せいぶつがく 生物学	биология	けいえいがく 経営学	прикладная экономика, менеджмент
のうがく 農学	агрономия	しゃかいがく 社会学	социология
ちがく 地学	геология	きょういくがく 教育学	педагогика
ちりがく 地理学	география	ぶんがく 文学	литература
すうがく 数学	математика	げんごがく 言語学	лингвистика
ぶつりがく 物理学	физика	しんりがく 心理学	психология
こうがく 工学	технические науки, техника	てつがく 哲学	философия
どぼくこうがく 土木工学	инженерно-строительные науки	しゅうきょうがく 宗教学	теология
でんしこうがく 電子工学	электроника	げいじゅつ 芸術	искусство
でんきこうがく 電気工学	электромеханика	びじゅつ 美術	изобразительное искусство
きかいこうがく 機械工学	механика	おんがく 音楽	музыка
コンピューター工学 こうがく	компьютерные технологии	たいいくがく 体育学	физическое воспитание, физическая культура
いでんしこうがく 遺伝子工学	генная инженерия		
けんちくがく 建築学	архитектура		
てんもんがく 天文学	астрономия		
かんきょうかがく 環境科学	наука об окружающей среде, экология		

IV. Грамматика

1. Желательное наклонение

Намерение (желание) совершить действие передаётся формой «желательного наклонения「いこうけい」» глагола, которая образуется следующим образом. (см. Учебник, Урок 31, стр. 46, упражнение А1.)

Глаголы 1-й группы: последний слог ます-формы заменяется на слог строки お того же ряда, и добавляется う.

Глаголы 2-й группы: к ます-форме добавляется よう.

Глаголы 3-й группы: します ⇨ しよう；きます ⇨ こよう.

2. Употребление форм желательного наклонения

1) В предложениях нейтрального стиля

В предложениях нейтрального стиля вместо「〜ましょう」употребляется форма желательного наклонения.

① ちょっと 休まない？ — Не отдохнуть ли немного?

…うん、休もう。 — – Да, давай передохнём.

② 少し 休もうか。 — Отдохнём немного?

③ 手伝おうか。 — Помогу?

<u>Примечание</u>: Как показано в примерах ② и ③, вопросительная частица「か」в конце предложения не опускается, хотя это и предложение нейтрального стиля.

2) ГЛАГ желательное наклонение と 思って います

Эта речевая конструкция используется говорящим для сообщения собеседнику о своём намерении совершить действие. Конструкция「ГЛАГ желательное наклонение と おもいます」используется в том же значении, однако「ГЛАГ желательное наклонение と おもって います」подразумевает, что решение о совершении действия было принято говорящим ранее и сохраняется до настоящего времени.

④ 週末は 海に 行こうと 思って います。 — В выходные думаю поехать на море.

⑤ 今から 銀行へ 行こうと 思います。 — Сейчас собираюсь пойти в банк.

<u>Примечание</u>: Конструкция「ГЛАГ желательное наклонение と おもって います」может быть использована и для передачи намерения 3-его лица.

⑥ 彼は 外国で 働こうと 思って います。 — Он намерен работать за границей.

3. ГЛАГсловарная форма | つもりです
ГЛАГない-форма ない |

Речевая конструкция「ГЛАГсловарная форма つもりです」используется для выражения решимости, намерения совершить какое-либо действие, а「ГЛАГ ない-форма ない つもりです」для выражения решимости, намерения не совершать названное действие.

⑦ 国へ 帰っても、柔道を 続ける つもりです。 — И по возвращении на родину собираюсь продолжать заниматься дзюдо.

⑧ あしたからは たばこを 吸わない つもりです。 — С завтрашнего дня не курю. / Я намерен не курить с завтрашнего дня.

Примечание: Речевые конструкции 「ГЛАГжелательное наклонениеと おもっています」и 「ГЛАГсловарная форма つもりです」 близки по смыслу, но для выражения более определённого намерения или твёрдой решимости чаще используется 「ГЛАГсловарная форма つもりです」.

4. | **ГЛАГсловарная форма**
СУЩの } 予定です

Эта речевая конструкция позволяет сообщить о планах или предположениях.

⑨ 7月の 終わりに ドイツへ 出張する 予定です。 В конце июля предполагается командировка в Германию.

⑩ 旅行は 1週間ぐらいの 予定です。 Путешествие планируется примерно на неделю.

5. | まだ**ГЛАГ** て-**форма** いません

Эта речевая конструкция выражает, что на данный момент дело/обстоятельство ещё не возникло или действие ещё не предпринято.

⑪ 銀行は まだ 開いて いません。 Банк ещё не открылся.

⑫ レポートは もう 書きましたか。 Вы уже написали доклад?
　…いいえ、まだ 書いて いません。 – Нет, ещё не написал.

6.こ～／そ～

В речи при указании на предшествующие слово или предложение, используются указательные местоимения на 「そ」. Однако, если автор хочет, чтобы описываемое реально предстало перед глазами читателя/слушателя, то могут быть использованы и указательные местоимения на 「こ」.

⑬ 東京に ない 物が 1つだけ ある。 В Токио нет только одного.
　それは 美しい 自然だ。 Это – красивой природы.

⑭ わたしが いちばん 欲しい 物は Больше всего я хотел бы иметь
　「どこでも ドア」です。 «волшебную дверь».
　この ドアを 開けると、どこでも Откроешь эту дверь, и
　行きたい 所へ 行けます。 попадёшь туда, куда захочешь.

(Ур. 27)

Урок 32

I. Новые слова

うんどうします Ⅲ	運動します	двигаться; заниматься физкультурой
せいこうします Ⅲ	成功します	удаваться; быть успешным; иметь успех
しっぱいします Ⅲ	失敗します	потерпеть неудачу, ошибиться, провалиться
[しけんに～]	[試験に～]	[～ на экзамене]
ごうかくします Ⅲ	合格します	соответствовать, отвечать требованиям; быть
[しけんに～]	[試験に～]	принятым, выдержать, сдать [~ экзамен]
もどります Ⅰ	戻ります	возвращаться, идти назад
やみます Ⅰ		кончиться, перестать
[あめが～]	[雨が～]	[дождь ~]
はれます Ⅱ	晴れます	проясняться, рассеиваться
くもります Ⅰ	曇ります	пасмурнеть
ふきます Ⅰ	吹きます	дуть
[かぜが～]	[風が～]	[ветер ~]
なおります Ⅰ	治ります、直ります	
[びょうきが～]	[病気が～]	выздоравливать, вылечиться
[こしょうが～]	[故障が～]	быть починенным, исправленным
つづきます Ⅰ	続きます	продолжаться, держаться
[ねつが～]	[熱が～]	[~ высокая температура]
ひきます Ⅰ		простужаться
[かぜを～]		
ひやします Ⅰ	冷やします	охлаждать, остужать
しんぱい [な]	心配 [な]	обеспокоенный
じゅうぶん [な]	十分 [な]	достаточный, полный
おかしい		странный, чудаковатый
うるさい		шумный, громкий
やけど		ожог (～を します обжигаться)
けが		рана, ушиб (～を します пораниться, ушибиться)
せき		кашель (～が でます кашлять)
インフルエンザ		грипп
そら	空	небо
たいよう	太陽	солнце
ほし	星	звезда
つき	月	луна, месяц
かぜ	風	ветер

きた	北	север
みなみ	南	юг
にし	西	запад
ひがし	東	восток

すいどう	水道	водопровод
エンジン		двигатель, мотор
チーム		команда

こんや	今夜	сегодня вечером
ゆうがた	夕方	вечер (не поздний)
まえ		ранее, прежде
おそく	遅く	поздно

こんなに		так (об обстоятельствах говорящего)
そんなに		так (об обстоятельствах собеседника)
あんなに		так (об обстоятельствах 3-го лица); так много
もしかしたら		может быть (используется при выражении осторожного предположения, догадки)
それは いけませんね。		Это не годится. /Так не пойдёт.
※オリンピック		Олимпиада

◁会 話▷

元気 (げんき)	бодрость, здоровье
胃 (い)	желудок
働きすぎ (はたら)	чрезмерный труд, перегрузки
ストレス	стресс
無理を します (むり) III	перенапрягаться, пытаться сделать невозможное
ゆっくり します III	наслаждаться досугом, отдыхать

.... 読み物　Внеклассное чтение ....

星占い (ほしうらない)	гороскоп (звёздный)
牡牛座 (おうしざ)	Телец
困ります (こま) I	быть в затруднении, затрудняться, иметь проблемы
宝くじ (たから)	лотерея
当たります ［宝くじが〜］(あ)(たから) I	выигрывать [~ в лотерею]
健康 (けんこう)	здоровье
恋愛 (れんあい)	любовь
恋人 (こいびと)	любимый, возлюбленный
［お］金持ち (かねも)	богач

II. Перевод

Речевые модели

1. Лучше каждый день заниматься физкультурой / двигаться.
2. Завтра, наверное, будет снег.
3. Может быть, не успею к назначенному времени.

Примеры

1. Нынешние студенты много развлекаются.
   – Да, пожалуй... Однако полагаю, что пока они молоды лучше приобрести всевозможный опыт.
2. На месяц хотел бы поехать в Европу путешествовать, 400.000 иен мне хватит?
   – Думаю, что вполне достаточно.
   Но лучше не брать наличные.
3. Что же будет с японской экономикой?
   – Да... Скорее всего, ещё некоторое время продолжится стагнация.
4. Олимпиада пройдёт успешно?
   – Надеюсь, что всё будет нормально.
   Ведь готовимся уже давно.
5. Доктор, какое заболевание у Ганса?
   – Это грипп. Возможно, дня три продержится высокая температура, так что не беспокойтесь.
6. Вы не думаете, что звук двигателя странный?
   – Да... Похоже на неисправность.
   Давайте немедленно вернёмся в аэропорт.

Диалог

Возможно, какое-то заболевание?

Ватанабэ:	Г-н Шмит, что с вами? Вам нездоровится?
Шмит:	В последнее время самочувствие неважное.
	Иногда болит голова, желудок.
Ватанабэ:	Это не годится. Возможно, какое-то заболевание, и вам лучше бы показаться врачу.
Шмит:	Да, вы правы.

Шмит:	Доктор, у меня что-то не в порядке?
Врач:	Особенных отклонений нет.
	Вы много работаете?
Шмит:	Да, в последнее время много сверхурочной работы.
Врач:	Вот и перенапряжение. Это может быть стресс, связанный с работой.
Шмит:	Вот оно что?
Врач:	Вам лучше не перенапрягаться.
	Возьмите ненадолго отпуск, отдохните.
Шмит:	Да, я понял.

<ruby>天気予報<rt>てんきよほう</rt></ruby> ПРОГНОЗ ПОГОДЫ

<ruby>晴<rt>は</rt></ruby>れ
ясно

<ruby>降水確率<rt>こうすいかくりつ</rt></ruby>
вероятность осадков

<ruby>曇<rt>くも</rt></ruby>り
облачно, пасмурно

<ruby>最高気温<rt>さいこうきおん</rt></ruby>
максимальная температура

<ruby>雨<rt>あめ</rt></ruby>
дождь

<ruby>最低気温<rt>さいていきおん</rt></ruby>
минимальная температура

<ruby>雪<rt>ゆき</rt></ruby>
снег

<ruby>晴<rt>は</rt></ruby>れのち<ruby>曇<rt>くも</rt></ruby>り
переменная облачность

<ruby>曇<rt>くも</rt></ruby>り<ruby>時々<rt>ときどき</rt></ruby>(<ruby>一時<rt>いちじ</rt></ruby>)<ruby>雨<rt>あめ</rt></ruby>
облачно, временами дождь

<ruby>曇<rt>くも</rt></ruby>り<ruby>所<rt>ところ</rt></ruby>によって<ruby>雨<rt>あめ</rt></ruby>
облачно, местами дождь

<ruby>北海道地方<rt>ほっかいどうちほう</rt></ruby>
район Хоккайдо

<ruby>札幌<rt>さっぽろ</rt></ruby>

<ruby>東北地方<rt>とうほくちほう</rt></ruby>
район Тохоку
(северо-восточный)

<ruby>仙台<rt>せんだい</rt></ruby>

<ruby>長野<rt>ながの</rt></ruby>

<ruby>中国地方<rt>ちゅうごくちほう</rt></ruby>
район Тюгоку

<ruby>近畿地方<rt>きんきちほう</rt></ruby>
район Кинки

<ruby>中部地方<rt>ちゅうぶちほう</rt></ruby>
район Тюбу
(центральный)

<ruby>東京<rt>とうきょう</rt></ruby>

<ruby>関東地方<rt>かんとうちほう</rt></ruby>
район Канто

<ruby>松江<rt>まつえ</rt></ruby>

<ruby>大阪<rt>おおさか</rt></ruby>

<ruby>名古屋<rt>なごや</rt></ruby>

<ruby>高知<rt>こうち</rt></ruby>

<ruby>四国地方<rt>しこくちほう</rt></ruby>
район Сикоку

<ruby>鹿児島<rt>かごしま</rt></ruby>

<ruby>九州地方<rt>きゅうしゅうちほう</rt></ruby>
район Кюсю

<ruby>那覇<rt>なは</rt></ruby>

にわか<ruby>雨<rt>あめ</rt></ruby>／<ruby>夕立<rt>ゆうだち</rt></ruby>
кратковременный ливень, внезапный проливной дождь

<ruby>雷<rt>かみなり</rt></ruby>
гроза, гром

<ruby>台風<rt>たいふう</rt></ruby>
тайфун

<ruby>虹<rt>にじ</rt></ruby>
радуга

<ruby>風<rt>かぜ</rt></ruby>
ветер

<ruby>雲<rt>くも</rt></ruby>
облако

<ruby>湿度<rt>しつど</rt></ruby>
влажность

<ruby>蒸<rt>む</rt></ruby>し<ruby>暑<rt>あつ</rt></ruby>い
душный

さわやか[な]
свежий

IV. Грамматика

1.
> | ГЛАГ た -форма |
> | ГЛАГ ない -форма ない | } ほうが いいです

Эта речевая конструкция используется для выражения советов или рекомендаций.

① 毎日 運動した ほうが いいです。 　　　Лучше каждый день заниматься
физкультурой.

② 熱が あるんです。 　　　У меня температура.

…じゃ、おふろに 入らない ほうが いいですよ。 　– Тогда лучше не принимать ванну.

Однако иногда может возникнуть впечатление излишней навязчивости, поэтому необходимо учитывать ситуацию использования.

<u>Примечание</u>: Различие в употреблении конструкций「～た ほうが いい」и「～たら いい」:

③ 日本の お寺が 見たいんですが……。 　　　Хотел бы посмотреть японские храмы.

…じゃ、京都へ 行ったら いいですよ。 　– Тогда вам хорошо бы поехать в Киото.

В примере ③ даётся совет в ситуации, которая не предполагает выбора действия. В таких случаях употребляется「～たら いい」. Конструкция「～た ほうが いい」, хотя это и никак не выражено словесно, подразумевает сравнение двух вариантов и выбор предпочтительного.

2.
> | ГЛАГ | нейтральная форма |
> | い -ПРИЛ | |
> | な -ПРИЛ | нейтральная форма | } でしょう
> | СУЩ | ～だ |

Эта речевая конструкция используется для выражения мнения о чём-либо или предположения, которое говорящий делает на основании имеющейся у него информации. При использовании в вопросительной конструкции, как показано в примере ⑤, говорящий спрашивает мнение собеседника.

④ あしたは 雨が 降るでしょう。 　　　Завтра, наверное, будет дождь.

⑤ タワポンさんは 合格するでしょうか。 　　Как вы думаете, г-н Тавапон сдаст экзамен?

3.
> | ГЛАГ | нейтральная форма |
> | い -ПРИЛ | |
> | な -ПРИЛ | нейтральная форма | } かも しれません
> | СУЩ | ～だ |

Речевая конструкция「～かも しれません」также выражает предположение говорящего о том, что некое явление или событие произошло / происходит / произойдёт, т.е. существует некая недостоверная возможность. Следует учитывать, что сама конструкция「～かも しれません」не имеет отрицательного смысла и, по сравнению с конструкцией「～でしょう」, выражает гораздо меньшую степень уверенности говорящего.

⑥ 約束の 時間に 間に 合わないかも しれません。 　Может быть, не успеем к
назначенному времени.

4. きっと／たぶん／もしかしたら

1) きっと

Наречие「きっと」показывает, что говорящий достаточно твёрдо уверен в своём предположении. Сфера действия этого наречия – от уверенного предположения, сравнимого с убеждённостью в решении, до степени уверенности, выражаемой「～でしょう」.

⑦ ミラーさんは きっと 来ます。　　　　　　Г-н Миллер непременно придёт.

⑧ あしたは きっと 雨でしょう。　　　　　　Завтра точно будет дождь.

2) たぶん

Это наречие выражает меньшую, чем「きっと」уверенность предположения и часто используется в речевой конструкции「～でしょう」, а также (пример ⑩) – в конструкции「～とおもいます」, представленной в Уроке 21.

⑨ ミラーさんは 来るでしょうか。　　　　　　Как вы думаете, г-н Миллер придёт?

　…たぶん 来るでしょう。　　　　　　　　　– Наверное, придёт.

⑩ 山田さんは この ニュースを　　　　　　　Думаю, что Ямада сан скорее всего

　たぶん 知らないと 思います。　　　　　　не знает эту новость.

3) もしかしたら

Этот оборот в основном употребляется перед речевой конструкцией「～かも しれません」. Употребление「もしかしたら」значительно понижает вероятность высказываемого предположения (как, напр., «не смогу закончить учебное заведение» в ⑪), но по каким-либо причинам не исключает эту вероятность полностью.

⑪ もしかしたら 3月に 卒業できないかも しれません。　　Может случиться и так, что не смогу закончить (учебное заведение) в марте.

5. 何か 心配な こと

⑫ 何か 心配な ことが あるんですか。　　　　Вас что-нибудь беспокоит?

Как показано в примере ⑫, в выражениях типа「しんぱいな なにか」правильно будет「なにか しんぱいな こと」. Также и в других примерах「なにか ～ もの」,「どこか ～ ところ」,「だれか ～ ひと」,「いつか ～ とき」и т. п.

⑬ スキーに 行きたいんですが、どこか いい 所 ありませんか。　　Я хотел бы поехать покататься на лыжах. Нет ли где-нибудь подходящего места?

6. Числительное で

Частица「で」после числительного с соответствующим счётным суффиксом указывает время, денежную сумму и т.п. количество чего-либо, необходимого для выполнения действия или наступления желаемого обстоятельства.

⑭ 駅まで 30分で 行けますか。　　　　　　До станции за 30 минут можно дойти?

⑮ 3万円で ビデオが 買えますか。　　　　　За 30.000 иен видеомагнитофон можно купить?

Урок 33

I. Новые слова

にげます II	逃げます	убегать, избегать, уклоняться
さわぎます I	騒ぎます	шуметь
あきらめます II		примириться (с *чем-л.*), отказаться от мысли
なげます II	投げます	бросать, кидать
まもります I	守ります	защищать, охранять; соблюдать, выполнять
あげます II	上げます	поднимать, увеличивать
さげます II	下げます	опускать, уменьшать
つたえます II	伝えます	передавать (информацию)
ちゅういします III	注意します	быть внимательным, обращать внимание, беречься
［くるまに～］	［車に～］	［～ автомобиля］
はずします I	外します	уйти, отойти
［せきを～］	［席を～］	［～ с места］
だめ［な］		непригодный, бесполезный, напрасный
せき	席	место, сидение
ファイト		борьба, боевой дух, энергичность; «Держись!» (ободряющие крики болельщиков)
マーク		метка, знак, эмблема
ボール		мяч
せんたくき	洗濯機	стиральная машина
～き	～機	~ машина, механизм
きそく	規則	правило, распорядок
しようきんし	使用禁止	Не использовать! (потому что запрещено)
たちいりきんし	立入禁止	Не входить! (потому что запрещено)
いりぐち	入口	вход
でぐち	出口	выход
ひじょうぐち	非常口	запасный выход
むりょう	無料	бесплатно
ほんじつきゅうぎょう	本日休業	Сегодня закрыто. Сегодня выходной.
えいぎょうちゅう	営業中	Открыто.
しようちゅう	使用中	Занято.
～ちゅう	～中	в процессе (*чего-л.*)

どういう ～	какой ~?
もう	больше не ~ (далее «отрицательная форма»)
あと ～	ещё (осталось)

◁|会 話|▷

駐車違反	нарушение правил парковки
そりゃあ	«ну что», «так ведь» и т.п. в роли междометий
～以内	в пределах ~
警察	полиция
罰金	штраф

.... 読み物　Внеклассное чтение ....

電報	телеграмма
人々	люди
急用	срочное (спешное) дело
打ちます ［電報を～］ I	посылать, отправлять [~ телеграмму]
電報代	стоимость телеграммы
できるだけ	насколько возможно
短く	коротко
また	и, а также
例えば	например
キトク（危篤）	критическое состояние
重い 病気	тяжёлая болезнь
明日	завтра
留守	отсутствие
留守番	присматривание за домом в отсутствие хозяина
［お］祝い	празднование, поздравление
亡くなります I	скончаться
悲しみ	печаль
利用します III	использовать, воспользоваться

II. Перевод

Речевые модели

1. Скорей!
2. Не тронь!
3. «Татиири-кинси» означает «Не входить!», потому что запрещено.
4. Г-н Миллер сказал, что на следующей неделе едет в командировку в Осака.

Примеры

1. Всё, больше не могу бежать.
   – Держись! Осталось (ещё только) 1000 метров.
2. Больше нет времени.
   – Ещё есть минута. Не сдаваться! Вперёд!
3. Что там написано?
   – Написано «Томарэ» («Стоп»).
4. Как читаются те иероглифы?
   – «Кин-эн».
   Это значит «Не курить».
5. Что означает эта маркировка?
   – Это значит, что можно стирать в стиральной машине.
6. Г-н Гупта на месте?
   – Сейчас он вышел. Сказал, что вернётся минут через 30.
7. Извините, вы не могли бы передать Ватанабэ сан, что завтрашняя вечеринка начнётся в 6.
   – Хорошо. С шести, да?

Диалог

Что это значит?

Уатт:	Извините, на моей машине была наклеена такая бумага, эти иероглифы как читаются?
Сотрудница университета:	«Тюся-ихан».
Уатт:	Тюся-ихан... Что это значит?
Сотрудница:	Это значит, что вы оставили машину там, где нельзя парковаться. Г-н Уатт, где вы её поставили?
Уатт:	Перед станцией. Пошёл купить журнал, только 10 минут...
Сотрудница:	Так ведь если перед станцией, даже и на 10 минут нельзя.
Уатт:	Что здесь написано?
Сотрудница:	Написано: «Придите в полицию в течение недели».
Уатт:	Только и всего? Штраф можно не платить?
Сотрудница:	Нет, потом нужно будет заплатить 15.000 иен.
Уатт:	Что? 15.000 иен? А журнал-то стоил всего 300 иен...

III. Справочная информация

標識 ОПОЗНАВАТЕЛЬНЫЕ ЗНАКИ И НАДПИСИ

営業中	準備中	閉店	定休日
Открыто	Закрыто по техническим причинам	Закрыто	Выходной день

化粧室	禁煙席	予約席	非常口
Туалет	Места для некурящих	Место заказано	Запасный выход

火気厳禁	割れ物注意	運転初心者注意	工事中
Взрывоопасно	Осторожно – бьётся!	За рулём новичок	Идут строительные работы

塩素系漂白剤不可	手洗い	アイロン(低温)	ドライクリーニング
Не использовать хлорный отбеливатель	Только ручная стирка	Глажка при низкой температуре	Только химическая чистка

IV. Грамматика

1. Форма повелительного наклонения и запретительная форма глаголов

1) **Образование формы повелительного наклонения глаголов** (см. Учебник, Урок 33, стр. 62, упражнение А 1)

Глаголы 1-й группы: последний слог ます -формы заменяется на слог строки 「え」 того же ряда.

Глаголы 2-й группы: к ます-форме добавляется суффикс 「ろ」.

Глаголы 3-й группы: 「します」 ⇨ 「しろ」; 「きます」 ⇨ 「こい」.

Примечание: 「わかる」, 「できる」, 「ある」 и т.п. глаголы, не обозначающие намеренные действия, не имеют формы повелительного наклонения.

2) **Образование запретительной формы** (см. Учебник, Урок 33, стр. 62, упражнение А 1)

К словарной форме любого глагола добавляется суффикс 「な」.

2. Употребление повелительного наклонения и запретительной формы

1) Форма повелительного наклонения глаголов выражает принуждение сделать что-либо, а запретительная форма используется, чтобы приказать не делать чего-либо. Обе эти формы звучат исключительно жёстко и директивно, поэтому их употребление в конце предложения достаточно ограничено. В разговорной речи эти формы употребляют, главным образом, только мужчины.

2) Форма повелительного наклонения и запретительная форма, взятые отдельно или в конце предложения, употребляются в следующих случаях:

(1) Мужчинами, старшими по социальному статусу или возрасту, при обращении к младшим, а также отцом при обращении к детям.

① 早く 寝ろ。　　　　　　　　　　Немедленно спать.

② 遅れるな。　　　　　　　　　　Не опаздывай.

(2) Между мужчинами-друзьями. В этом случае для смягчения тона в конце предложения часто употребляется частица 「よ」.

③ あした うちへ 来い[よ]。　　　Завтра приходи ко мне.

④ あまり 飲むな[よ]。　　　　　Ты лишнего не пей.

(3) При инструктировании больших групп людей на производстве или в чрезвычайных ситуациях, таких как пожар, землетрясение и пр., т.е. когда при обращении к собеседнику у говорящего нет времени на вежливые обороты. Но даже и в таких случаях эти формы используются только старшими по социальному статусу или возрасту мужчинами.

⑤ 逃げろ。　　　　　　　　　　　Бегите!

⑥ エレベーターを 使うな。　　　Лифтом не пользоваться.

(4) При подаче команд в процессе группового тренинга, школьного обучения, спортивных тренировок и т.п.

⑦ 休め。　　　　　　　　　　　　Отдохните.

⑧ 休むな。　　　　　　　　　　　Не отдыхать! Не расслабляться!

(5) В скандированиях болельщиков на спортивных соревнованиях. В этом случае выражения, приведённые ниже, употребляются и женщинами.

⑨ 頑張れ。　　　　　　　　　　　Держись!

⑩ 負けるな。　　　　　　　　　　Не сдаваться!

(6) В тексте дорожных знаков, лозунгов и пр., когда необходимы сильный эффект и визуальная лаконичность.

⑪ 止まれ。　　　　　　　　　　　Стой! Стоп!

⑫ 入るな。　　　　　　　　　　　Не входить!

Примечание: Есть и другой вариант выражения побуждения или приказа: 「ГЛАГ ます-форма なさい」. Форма с суффиксом 「〜なさい」 используется родителями в разговоре с детьми, учителями – с учениками и т.п. Эта форма звучит гораздо более вежливо, чем представленная выше форма повелительного наклонения. Поэтому женщины вместо формы повелительного наклонения используют форму с 「〜なさい」. Однако по отношению к старшим и эта форма не употребляется.

⑬ 勉強しなさい。　　　　　　　　　　　　　　Занимайся.

3. 「〜と 読みます」 и 「〜と 書いて あります」

Частица 「と」 в примерах ⑭ и ⑮ выполняет ту же функцию, что и в речевой конструкции 「〜と いいます」 (см. Урок 21, Грамматика, § 2).

⑭ あの 漢字は 何と 読むんですか。　　　　　Как читается этот иероглиф?

⑮ あそこに 「止まれ」と 書いて あります。　　Там написано «Томарэ».

4. X は Y という 意味です　　　　　　　　　　«X» значит «Y»

Эта речевая конструкция употребляется для объяснения значения слова или определения понятия («X»). 「と いう」 – производное от 「と いいます」. В вопросе о значении используется вопросительное словосочетание 「どういう」.

⑯ 「立入禁止」は 入るなと いう 意味です。　「Татиири-кинси» значит «Не входить!».

⑰ この マークは どういう 意味ですか。　　　Что означает эта маркировка?
　…洗濯機で 洗えると いう 意味です。　　　– Это значит, что можно стирать в стиральной машине.

5. 「ПРЕДЛ」 нейтральная форма ｝と 言って いました

Речевая конструкция с 「〜と いいました」 используется для передачи сказанного в форме прямой речи, т.е. цитирование слов третьего лица (см. Урок 21, Грамматика, § 2), а 「〜と いって いました」 – для передачи сказанного в форме косвенной речи.

⑱ 田中さんは 「あした 休みます」と 言って いました。　Танака сан сказал: «Завтра возьму выходной».

⑲ 田中さんは あした 休むと 言って いました。　Танака сан сказал, что завтра возьмёт выходной.

6. 「ПРЕДЛ」 нейтральная форма ｝と 伝えて いただけませんか

Речевая конструкция с 「〜と つたえて いただけませんか」 используется при вежливой просьбе (но не вопроса!) к собеседнику передать 3-му лицу некое сообщение.

⑳ ワンさんに 「あとで 電話を ください」と 伝えて いただけませんか。　　Вы не могли бы сказать г-ну Вану «Позвоните, пожалуйста, позже»?

㉑ すみませんが、渡辺さんに あしたの パーティーは 6時からだと 伝えて いただけませんか。　　Извините, вы не могли бы передать Ватанабэ сан, что завтрашняя вечеринка начнётся в шесть.

Урок 34

I. Новые слова

みがきます I [はを～]	磨きます [歯を～]	полировать, шлифовать, чистить [～ зубы]
くみたてます II	組み立てます	собирать, составлять, монтировать
おります I	折ります	складывать, загибать; ломать, переламывать
きが つきます I [わすれものに～]	気が つきます [忘れ物に～]	обращать внимание, замечать [～, что забыл вещь]
つけます II [しょうゆを～]		намазывать, посыпать, класть, добавлять, есть *с чем-л.* [~ с соевым соусом]
みつかります I [かぎが～]	見つかります	быть замеченным, обнаруженным, найденным [ключи ~]
します III [ネクタイを～]		надевать, повязывать [~ галстук]
しつもんします III	質問します	задавать вопрос, спрашивать
ほそい	細い	тонкий, узкий
ふとい	太い	толстый, жирный
ぼんおどり	盆踊り	церемониальный танец на празднике «Бон»
スポーツクラブ		спорт-клуб
かぐ	家具	мебель
キー		клавиша
シートベルト		ремень безопасности
せつめいしょ	説明書	инструкция по эксплуатации
ず	図	чертёж, рисунок
せん	線	линия (на чертеже)
やじるし	矢印	стрелка (условный знак)
くろ	黒	чёрный цвет
しろ	白	белый цвет
あか	赤	красный цвет
あお	青	синий, голубой цвет
こん	紺	тёмно-синий цвет
きいろ	黄色	жёлтый цвет
ちゃいろ	茶色	коричневый цвет

しょうゆ	соевый соус
ソース	Уорчестерский соус (или его подобие)
～か ～	- или -
ゆうべ	вчера вечером
さっき	недавно, только что

◁会話▷

茶道	чайная церемония
お茶を たてます Ⅱ	готовить зелёный чай
先に	сначала, прежде всего
載せます Ⅱ	класть, ставить на ～, помещать, погружать
これで いいですか。	Вот так правильно?
苦い	горький

.... 読み物　Внеклассное чтение ....

親子どんぶり	название блюда «рис с куриным мясом и яйцом», подаваемого в керамической миске
材料	материалы, ингредиенты, продукты
―分	- порция (обозначение количества)
鳥肉	курица, куриное мясо
―グラム	- граммов
―個	- штука (счётный суффикс для мелких предметов)
たまねぎ	репчатый лук
4分の1（$\frac{1}{4}$）	одна четвёртая, четверть
調味料	приправы
なべ	кастрюля
火	огонь
火に かけます Ⅱ	ставить на огонь
煮ます Ⅱ	варить
煮えます Ⅱ	вариться
どんぶり	керамическая миска

II. Перевод

Речевые модели

1. Запишите, пожалуйста, так, как я сейчас скажу.
2. После еды (после того, как поем,) чищу зубы.
3. Я пью кофе без сахара.

Примеры

1. Друзья (господа), займёмся разучиванием танца «Бон».
   – Хорошо.
   Пожалуйста, танцуйте так же, как я.
2. Я видела интересный сон.
   – Какой сон? Расскажи всё, как видела.
3. Этот стол надо собрать самому?
   – Да, соберите, пожалуйста, согласно инструкции. Это просто.
4. Где же ты обронил кошелёк?
   – Не знаю. Я заметил уже тогда, когда вернулся домой.
5. Не пойти ли выпить после работы?
   – Извини, но сегодня как раз тот день, когда я хожу в спорт-клуб.
6. Что можно надеть на свадьбу друга?
   – М-м... В Японии мужчины одевают чёрный или тёмно-синий костюм и белый галстук.
7. Это едят с соевым соусом?
   – Нет-нет, пожалуйста, попробуйте, ничего не добавляя.
8. А вы немного похудели. Сели на диету?
   – Нет, (автобусом не пользуюсь,) просто хожу до станции пешком.

Диалог

Пожалуйста, повторяйте движения за мной

Клара:	Хотелось бы посмотреть чайную церемонию.
Ватанабэ:	О-о, не пойти ли вместе на следующей неделе в субботу?

Мастер чайной церемонии:	Ватанабэ сан, приготовьте, пожалуйста, чай. Мадам (к Кларе), сначала отведайте печенье.
Клара:	М-м, сначала едят печенье?
Мастер чайной церемонии:	Да. Если съесть сладкое печенье, а потом выпить чай, то очень вкусно.
Клара:	Интересно.
Мастер чайной церемонии:	Теперь отведаем чай. Пожалуйста, повторяйте движения за мной, хорошо? Сначала правой рукой берём чашку и ставим её на левую руку.
Клара:	Вот так правильно?
Мастер чайной церемонии:	Да. Потом поворачиваем чашку 2 раза, затем пьём.

Мастер чайной церемонии:	Как вы находите?
Клара:	Немного горьковато, но вкусно.

III. Справочная информация

料理 КУЛИНАРИЯ
りょうり

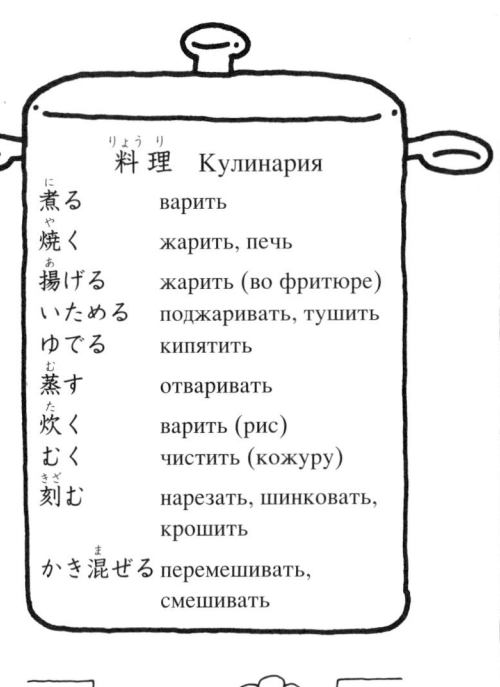

料理 Кулинария
りょうり

煮る (に)	варить
焼く (や)	жарить, печь
揚げる (あ)	жарить (во фритюре)
いためる	поджаривать, тушить
ゆでる	кипятить
蒸す (む)	отваривать
炊く (た)	варить (рис)
むく	чистить (кожуру)
刻む (きざ)	нарезать, шинковать, крошить
かき混ぜる (ま)	перемешивать, смешивать

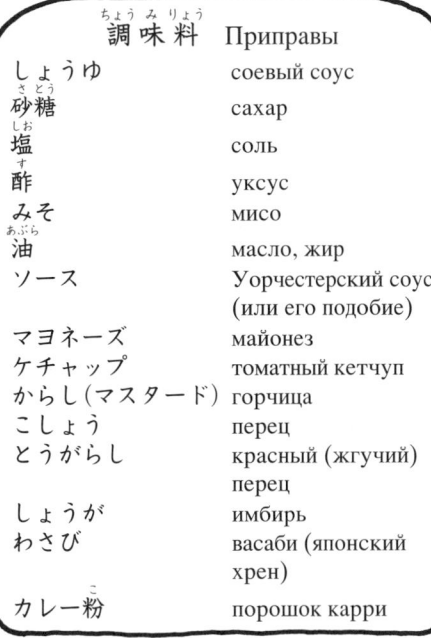

調味料 Приправы
ちょうみりょう

しょうゆ	соевый соус
砂糖 (さとう)	сахар
塩 (しお)	соль
酢 (す)	уксус
みそ	мисо
油 (あぶら)	масло, жир
ソース	Уорчестерский соус (или его подобие)
マヨネーズ	майонез
ケチャップ	томатный кетчуп
からし (マスタード)	горчица
こしょう	перец
とうがらし	красный (жгучий) перец
しょうが	имбирь
わさび	васаби (японский хрен)
カレー粉 (こ)	порошок карри

台所用品 Кухонные принадлежности и оборудование
だいどころようひん

なべ	кастрюля	炊飯器 (すいはんき)	рисоварка
やかん	чайник	しゃもじ	лопаточка для риса
ふた	крышка	缶切り (かんき)	консервный нож
おたま	половник	栓抜き (せんぬ)	открыватель для бутылок
まな板 (いた)	разделочная доска	ざる	дуршлаг; бамбуковая плоская корзина-блюдо
包丁 (ほうちょう)	нож	ポット	термос
ふきん	тряпка, салфетка, кухонное полотенце	ガス台 (だい)	газовая плита
フライパン	сковорода	流し[台] (なが)(だい)	раковина
電子オーブンレンジ (でんし)	микроволновая печь (печь СВЧ)	換気扇 (かんきせん)	вытяжка, вентиляция

IV. Грамматика

1.

> **ГЛАГ₁ словарная форма**
> **ГЛАГ₁ た -форма** } **とおりに、　ГЛАГ₂**
> **СУЩ の**

1) | **ГЛАГ₁ とおりに、　ГЛАГ₂** |

Эта речевая конструкция выражает, что услышанное, увиденное, прочитанное, выученное и т.п. действие, описываемое (ГЛАГ₁) в придаточном предложении, должно быть или может быть точно повторено, воспроизведено (ГЛАГ₂), т.е. передано на письме, словами или собственно действием.

① わたしが やる とおりに、やって ください。　Пожалуйста, делайте так же, как я (делаю).

② わたしが 言う とおりに、書いて ください。　Пожалуйста, пишите то, что я говорю.

③ 見た とおりに、話して ください。　Пожалуйста, расскажите то, что вы видели.

Если действие, описываемое ГЛАГ₁, осуществляется с настоящего момента, то в придаточном предложении используется словарная форма, если же действие уже выполнено, то используется た-форма.

2) | **СУЩ の とおりに、ГЛАГ** |

Эта речевая конструкция выражает, что действие (ГЛАГ) производится в соответствии с критериями или правилами, обозначенными существительным.

④ 線の とおりに、紙を 切って ください。　Пожалуйста, разрежьте бумагу по линии.

⑤ 説明書の とおりに、組み立てました。　Собрал в соответствии с инструкцией.

2.

> **ГЛАГ₁ た-форма** } **あとで、　ГЛАГ₂**
> **СУЩ の**

Эта речевая конструкция выражает, что после того, как произошло действие, описанное ГЛАГ₁ в придаточном предложении, или наступила ситуация, обозначенная СУЩ, происходит действие главного предложения, описываемое ГЛАГ₂.

⑥ 新しいのを 買った あとで、なくした 時計が 見つかりました。　После того, как купил новые, нашлись потерянные часы.

⑦ 仕事の あとで、飲みに 行きませんか。　После работы не пойти ли нам выпить?

По сравнению с речевой конструкцией「ГЛАГ₁て-форма から」, выражающей тот же смысл, конструкция「ГЛАГ₁ た-форма あとで」очень чётко указывает на последовательность действий во времени.

3.

ГЛАГ₁ て-форма	
ГЛАГ₁ ない-форма ないで	ГЛАГ₂

Эта речевая конструкция выражает, что основное действие, обозначенное ГЛАГ₂, происходит в сопровождении действия или состояния, описанного ГЛАГ₁. В примерах ⑧ и ⑨ основное действие 「たべます (ГЛАГ₂)」происходит, используя или не используя соевый соус. Действия ГЛАГ₁ и ГЛАГ₂ выполняются одним и тем же лицом.

⑧　しょうゆを　つけて　食べます。　　　　Ем, приправив соевым соусом.

⑨　しょうゆを　つけないで　食べます。　　Ем, не добавляя соевого соуса.

4. | ГЛАГ₁ ない-форма ないで、ГЛАГ₂ |
|---|

Эта речевая конструкция выражает, что из двух действий (ГЛАГ₁, ГЛАГ₂), которые невозможно осуществить одновременно, выбрано и будет осуществлено одно (ГЛАГ₂).

⑩　日曜日は　どこも　行かないで、うちで　ゆっくり　休みます。　　В воскресенье никуда не пойду, а буду спокойно отдыхать дома.

34

Урок 35

I. Новые слова

さきます Ⅰ	咲きます	цвести
［はなが～］	［花が～］	［цветок, цветы ~］
かわります Ⅰ	変わります	меняться
［いろが～］	［色が～］	［цвет ~］
こまります Ⅰ	困ります	затрудняться, находиться в затруднительном положении; испытывать неудобство
つけます Ⅱ	付けます	прикреплять, присоединять, прилагать
［まるを～］	［丸を～］	［~ кружок, т.е. отметить кружком］
ひろいます Ⅰ	拾います	подбирать, поднимать (с земли)
かかります Ⅰ		работать, действовать, быть включённым, звонить
［でんわが～］	［電話が～］	［телефон ~］
らく［な］	楽［な］	удобный, приятный
ただしい	正しい	правильный
めずらしい	珍しい	редкий, необычный
かた	方	человек, лицо (вежливый эквивалент слова ひと)
むこう	向こう	та сторона, там, напротив
しま	島	остров
むら	村	деревня
みなと	港	порт
きんじょ	近所	близлежащая местность, окрестности
おくじょう	屋上	площадка на крыше
かいがい	海外	за граница, за рубежье
やまのぼり	山登り	подъём в гору, поход в горы
ハイキング		пеший туризм, спортивная прогулка пешком
きかい	機会	шанс, возможность
きょか	許可	разрешение, позволение, санкция
まる	丸	круг
そうさ	操作	управление (механизмом)
ほうほう	方法	способ, метод, средство

せつび	設備	оборудование
カーテン		штора, занавеска
ひも		верёвка, тесьма, шнур
ふた		крышка
は	葉	лист (дерева)
きょく	曲	музыкальное произведение, мелодия, мотив
たのしみ	楽しみ	удовольствие, развлечение, наслаждение
もっと		более, ещё (больше)
はじめに	初めに	вначале, сначала, сперва

これで おわります。 これで 終わります。　На этом закончим.

※箱根	курорт в префектуре Канагава
※日光	национальный парк-заповедник в префектуре Тотиги
※白馬	курорт (горно-лыжный) в префектуре Нагано
※アフリカ	Африка

◀会話▶

それなら	в этом случае, в таком случае
夜行バス	ночной автобус
旅行社	туристическое агентство
詳しい	подробный, детальный
スキー場	горно-лыжный курорт
※草津	курорт в префектуре Гумма
※志賀高原	национальный парк-заповедник в префектуре Нагано

.... 読み物　Внеклассное чтение ....

朱	киноварь
交わります Ⅰ	поддерживать отношения, общаться (с *кем-л.*)
ことわざ	пословица
仲よく します Ⅲ	быть в хороших отношениях (с *кем-л.*)
必要[な]	обязательный, необходимый

....

II. Перевод

Речевые модели

1. Весна наступит, и вишня зацветёт.
2. Если погода ясная, то там (вдали) виден остров.
3. Для путешествия на Хоккайдо июнь – подходящее время.
4. На свадебной церемонии чем речи короче, тем лучше.

Примеры

1. Окно машины не открывается ...
   – Если нажмёте эту кнопку, то откроется.
2. Есть другие мнения?
   – Пожалуй, нет.
   Если нет, то на этом закончим.
3. Как Вам жизнь в Японии?
   – Всё есть, и это очень удобно. Но думаю, если бы цены были бы чуть-чуть ниже, то было бы ещё лучше.
4. Доклад нужно сдать до завтра?
   – Если не получится, то сдайте до пятницы.
5. Думаю 2-3 дня попутешествовать. Какое-нибудь хорошее местечко не посоветуете?
   – М-м ... Если на 2-3 дня, то думаю, что Хаконэ или Никко как раз.
6. Я хотел бы взять книгу (в библиотеке). Что для этого нужно?
   – Пожалуйста, обратитесь в регистратуру, чтобы Вам выписали читательский билет (карточку).
7. Огава Ёнэ сан очень активна, не правда ли?
   – Да, чем старше она становится, тем активнее.

Диалог

Если обратитесь в турагенство, то узнаете...

Тавапон:	Судзуки сан, в зимние каникулы мы с друзьями хотим покататься на лыжах.
	Какое-нибудь хорошее место не посоветуете?
Судзуки:	На сколько дней вы планируете?
Тавапон:	Дня на три.
Судзуки:	В таком случае, думаю, что Кусацу или плоскогорье Сига как раз.
	Там и горячие источники...
Тавапон:	А как туда добраться?
Судзуки:	Можно ехать по «Джэй Ар (JR)», а если ночным автобусом, то приедете утром.
	Так что это удобнее.
Тавапон:	А что дешевле?
Судзуки:	М-м... Если обратитесь в турагенство, то узнаете более подробно.
Тавапон:	И ещё, у меня нет ни лыж, ни лыжной экипировки.
Судзуки:	Всё это на лыжной базе можно взять на прокат.
	Но если вы волнуетесь, то можно и заранее забронировать в турагенстве....
Тавапон:	Даже так? Большое спасибо.

III. Справочная информация

ことわざ　ПОСЛОВИЦЫ И ПОГОВОРКИ

住めば 都（みやこ）　«Каждый кулик своё болото хвалит»

буквально: место, где живёшь, кажется столицей.
Где бы ни жил человек, привыкнув, он считает это
место самым лучшим.

三人寄れば文殊の知恵（さんにん よ もんじゅ ち え）　«Ум хорошо, а два – лучше»

буквально: если трое соберутся – мудрость бодисатвы
Мондзю.
У троих появятся более ценные мысли, чем у двоих.

立てばしゃくやく、座ればぼたん、（た すわ）
　　　　　歩く 姿 はゆりの花（ある すがた はな）

буквально: встанет – пион белый, сядет – пион
розовый, а при ходьбе подобна цветку лилии.
Она неописуемо красива.

ちりも積もれば山となる（つ やま）　«Капля камень долбит»

буквально: и пыль, накапливаясь, образует горы.
Какая бы ни была малость, собираясь, концентрируясь,
становится великим.

うわさをすれば影（かげ）　«Лёгок на помине»

буквально: если заговорить (о ком-то),
то (появится его) тень.
Стоит только заговорить о ком-то, как
этот человек и появится.

花よりだんご（はな）

«Соловья баснями не кормят» или
«Лучше синица в руках, чем журавль в небе»

буквально: клёцки (шарики из теста) лучше цветов.
Содержание важнее формы.

転石苔を生ぜず（てんせきこけ しょう）

буквально: валун и мха не родит.

Эту пословицу можно понимать двояко:

① Позитивно действующий человек добивается успеха.
② Человек, постоянно меняющий место работы или место проживания, успеха в
жизни не добьётся (не сделает карьеры, не скопит состояния) (ср.: «Человек
– перекати-поле»).

IV. Грамматика

1. Формы выражения условия (условные формы)

Образование условных форм (см. Учебник, Урок 35, стр. 78, упражнение А 1).

<u>Глаголы</u>: форма условного наклонения глаголов

Глаголы 1-й группы: последний слог ます-формы заменяется на слог строки「え」того же ряда и присоединяется суффикс「ば」.

Глаголы 2-й группы: к ます-форме добавляется「れば」.

Глаголы 3-й группы:「します」⇨「すれば」;「きます」⇨「くれば」.

<u>い-прилагательные</u>: конечное「い」меняется на「ければ」.

<u>な-прилагательные</u>: отсекается конечное「[な]」и добавляется「なら」.

<u>Существительные</u>: к существительному добавляется「なら」.

2. | Условная форма、～ |

Эта речевая конструкция позволяет выразить условную зависимость между действием или состоянием, описанными в придаточном предложения, и событиями или явлениями, указанными в главном предложении.

Если и в придаточном предложении, и в главном предложении подлежащим является одно и то же лицо, то глаголы волеизъявления не употребляются.

Речевая конструкция「условная форма、～」употребляется:

1) при указании, какие условия необходимы для того, чтобы произошло определённое событие.

① ボタンを 押せば、窓が 開きます。　　Если нажмёте кнопку, то окно откроется.

② 彼が 行けば、わたしも 行きます。　　Если он пойдёт, то и я пойду.

③ いい 天気なら、向こうに 島が 見えます。　Если ясная погода, то вдали (там) виден остров.

2) при указании, какого суждение говорящего по поводу сказанного третьим лицом или по поводу сложившейся ситуации.

④ ほかに 意見が なければ、これで 終わりましょう。　Если нет других мнений, на этом закончим.

⑤ あしたまでに レポートを 出さなければ なりませんか。Доклад надо сдать до завтра?
　　…無理なら、金曜日までに 出して ください。　　– Если не получится, то сдайте, пожалуйста, до пятницы.

<u>Примечание</u>: в японском языке существует несколько способов выражения условной зависимости. С некоторыми из них вы уже познакомились ранее:

[1]　～と (Урок 23)

Эта условная конструкция употребляется в тех случаях, когда действие, описанное в придаточном предложении, вызовет обязательные последствия, предсказуемые результаты или неизбежные факты, указанные в главном предложении. Конструкция「～と」не употребляется, когда речь идёт о пожеланиях, суждениях, разрешении, надеждах, просьбах и т. д. говорящего.

⑥ ここを 押すと、ドアが 開きます。　　Если здесь нажать, то дверь откроется.

Тоже самое можно передать формой условного наклонения с суффиксом「ば」:

⑦ ここを 押せば、ドアが 開きます。　　Если здесь нажать, то дверь откроется.

[2]　～たら (Урок 25)

Как было представлено в Уроке 25, конструкция ～たら употребляется в двух случаях: (1) для выражения условной зависимости и (2) для выражения условно-временной зависимости: после того, как (если) в будущем возникнут определенные условия или обстоятельства (придаточное предложение), то они повлекут за собой, вызовут некие действия или ситуации (главное предложение).

⑧ 時間が なかったら、テレビを 見ません。Если не будет времени, то телевизор смотреть не буду.

Тоже самое можно передать формой условного наклонения с「ば」:

⑨ 時間が なければ、テレビを 見ません。　　Если не будет времени, то телевизор смотреть не буду.

Однако 「〜と」 в этом случае не употребляется:

× 時間が ないと、テレビを 見ません。

⑩ 東京へ 来たら、ぜひ 連絡して ください。　Если приедете в Токио, то обязательно позвоните.

× 東京へ 来れば、ぜひ 連絡して ください。

Поскольку в примерах ⑧ и ⑨ в главном предложении выражается воля (намерение) говорящего, то возможно употребление конструкций и с 「〜たら」, и с 「〜ば」, но исключено употребление конструкции с 「と」. Но если, как это показано в примере ⑩, и в придаточном, и в главном предложении подлежащим является одно и то же лицо, а оба сказуемых выражены волеизъявительными глаголами, то форма условного наклонения с суффиксом 「〜ば」 не употребляется, т.е. возможна только условная конструкция с 「〜たら」. Таким образом, можно сказать, что условная конструкция с 「〜たら」 является наиболее употребимой. Но следует иметь в виду, что эта конструкция характерна для разговорной речи и почти не употребляется в газетных статьях и деловых сообщениях.

3. | СУЩ なら、〜 |

Речевая конструкция 「СУЩ なら、〜」 также употребляется в тех случаях, когда говорящий продолжает предложенную собеседником тему разговора и предоставляет какую-либо информацию по этой теме.

⑪ 温泉に 行きたいんですが、　　　　　　Хотел бы поехать на горячие источники. Нет
　 どこか いい 所 ありませんか。　　　ли какого-нибудь подходящего места?
　 …温泉なら、白馬が いいですよ。　　　– Если (ехать на) горячие источники, то
　　　　　　　　　　　　　　　　　　　　Хакуба – замечательное место.

4. | Вопросительное слово ГЛАГ условная форма いいですか |

Эта речевая конструкция выражает вопрос говорящего о том, что следует сделать для осуществления задуманного, т.е. вопрос о том, какие указания или предложения даст собеседник. Эта конструкция употребляется так же, как и представленная в Уроке 26 конструкция 「Вопросительное слово ГЛАГた-форма ら いいですか」. Поэтому примеры ⑫ и ⑬ синонимичны.

⑫ 本を 借りたいんですが、　　　　　Хотел бы взять книгу (в библиотеке),
　 どう すれば いいですか。　　　　　что нужно сделать?
⑬ 本を 借りたいんですが、　　　　　Хотел бы взять книгу (в библиотеке),
　 どう したら いいですか。　　　　　что (для этого) нужно сделать?　　　(Урок 26)

5.

ГЛАГ い-прилагательное な-прилагательное	условная форма	ГЛАГ словарная форма い-прилагательное (〜い) な-прилагательное な	ほど 〜

Эта речевая конструкция выражает сравнение (сопоставление) действия или признака по мере-степени (*чем.., тем...*).

⑭ ビートルズの 音楽は 聞けば 聞くほど 好きに なります。　Чем больше я слушаю музыку «Битлз», тем больше она мне нравится.

⑮ パソコンは 操作が 簡単なら 簡単なほど いいです。　Компьютер чем проще в обращении, тем лучше.

Как видно из этих примеров, и в придаточном 「〜ば/なら」, и в главном 「ほど」 предложениях повторяется один и тот же глагол или прилагательное. По мере изменения степени условия, изложенного в придаточном, увеличивается (уменьшается) степень или диапазон действия, состояния или качества, изложенного в главном предложении.

35

63

Урок 36

I. Новые слова

とどきます I	届きます	доходить, дойти, быть полученным
[にもつが〜]	[荷物が〜]	[посылка 〜]
でます II	出ます	участвовать
[しあいに〜]	[試合に〜]	[〜 в матче]
うちます I	打ちます	печатать
[ワープロを〜]		[〜 на (пишущей) машинке]
ちょきんします III	貯金します	копить, откладывать деньги
ふとります I	太ります	поправляться, толстеть
やせます II		худеть
すぎます II	過ぎます	проходить, превышать
[7じを〜]	[7時を〜]	[уже (больше) 7 часов]
なれます II	慣れます	привыкать
[しゅうかんに〜]	[習慣に〜]	[〜 к обычаям]

かたい	硬い	твёрдый
やわらかい	軟らかい	мягкий

でんし〜	電子〜	электронный ...
けいたい〜	携帯〜	переносной, мобильный ...

こうじょう	工場	завод

けんこう	健康	здоровье
けんどう	剣道	кэндо (фехтование на мечах, японское традиционное боевое искусство)

まいしゅう	毎週	каждая неделя
まいつき	毎月	каждый месяц
まいとし(まいねん)	毎年	каждый год

やっと		наконец-(то), в конце концов
かなり		очень
かならず	必ず	обязательно
ぜったいに	絶対に	совершенно, ни в коем случае не ... (употребляется в отрицательных конструкциях)
じょうずに	上手に	умело, ловко, искусно
できるだけ		насколько возможно, по (мере) возможности

このごろ		недавно, на днях, в последнее время

〜ずつ	по *сколько-то* (напр., по одному, по трое, по тысяче иен)
その ほうが 〜	Это... (прилагательное или наречие в сравнительной степени; напр., это понятнее, быстрее, лучше и т.п.)
※ショパン	Фредерик Шопен, польский композитор и пианист (1810-49)

◀会 話▶

お客様	посетитель, гость
特別［な］	особенный
して いらっしゃいます	делать (вежливый эквивалент して います)
水泳	плавание
〜とか、〜とか	Например, ... или ... (и т. п.)
タンゴ	танго
チャレンジします Ⅲ	пробовать, пытаться (от англ.: challenge)
気持ち	настроение, желание

.... 読み物　Внеклассное чтение ....

乗り物	транспорт
歴史	история
一世紀	-й век
遠く	далеко, дальние края
汽車	паровоз
汽船	пароход
大勢の 〜	большое количество, множество (употребляется только по отношению к людям)
運びます Ⅰ	перевозить
飛びます Ⅰ	лететь, летать
安全［な］	безопасный
宇宙	космос
地球	Земля
※ライト兄弟	Братья Райт (США), пионеры в области авиации Уилбур Райт (1867-1912) Орвил Райт (1871-1948)

II. Перевод

Речевые модели

1. Чтобы быстро (быстрее) плавать, я каждый день тренируюсь.
2. Наконец-то, я научился ездить на велосипеде.
3. Каждый день я стараюсь вести дневник.

Примеры

1. Это электронный словарь?
   – Да. Я ношу его с собой, чтобы, услышав незнакомое слово, сразу же посмотреть.
2. Что значат эти красные кружки в календаре.
   – Дни сбора мусора. Отмечено, чтобы не забыть.
3. Вы привыкли к футону?
   – Да. Сначала никак не мог спать на нём, но сейчас уже сплю очень хорошо.
4. Вы уже играете произведения Шопена?
   – Нет, ещё не могу.
   Скорее хочу научиться (играть).
5. Как построили завод, в море у берега уже не поплаваешь.
   – Правда? Как жаль!
6. Вы не едите сладкого?
   – Да, по возможности стараюсь не есть.
   Это ведь лучше для здоровья.
7. Концерт начинается в 6 часов.
   Пожалуйста, постарайтесь ни в коем случае не опаздывать. Если опоздаете, то вы не сможете войти.
   – Да, хорошо.

Диалог

Стараюсь активно использовать мысль и тело

Ведущий: Дорогие друзья, добрый день! В эфире передача «Час здоровья».
Сегодня у нас в гостях Огава Ёнэ сан, которой в этом году исполнится 80 лет.

Огава Ёнэ: Здравствуйте.

Ведущий: Вы прекрасно выглядите. Вы делаете что-нибудь особенное?

Огава Ёнэ: Каждый день я стараюсь двигаться и разнообразно питаться.

Ведущий: Каким образом двигаться? (Дословно: Какие движения?)

Огава Ёнэ: Например, танцы или плавание ...
Недавно я научилась танцевать танго.

Ведущий: Потрясающе, не правда ли? А питание?

Огава Ёнэ: Я ем всё, но особенно люблю рыбу.
Каждый день стараюсь готовить разные блюда.

Ведущий: Вы активно используете мысль и тело, не правда ли?

Огава Ёнэ: Да, в будущем году я собираюсь поехать во Францию, и поэтому начала учить французский язык.

Ведущий: Как важно сохранять желание всё попробовать!
Большое спасибо за интересную беседу.

III. Справочная информация

けんこう
健康　ЗДОРОВЬЕ

いいださん
Господин «Правильный»

- 規則正しい生活をする
Вести правильный образ жизни
- 早寝、早起きをする
Рано ложиться, рано вставать
- 運動する／スポーツをする
Заниматься физкультурой / спортом
- よく歩く
Много ходить пешком
- 好き嫌いがない
Не иметь пристрастий в еде
- 栄養のバランスを考えて食べる
Сбалансированно питаться
- 健康診断を受ける
П ереодически проходить медицинские осмотры

だめださん
Господин «Неправильный»

- 夜更かしをする
Засиживаться допоздна
- あまり運動しない
Мало двигаться
- 好き嫌いがある
Быть привиредливым в еде
- よくインスタント食品を食べる
Часто питаться продуктами быстрого приготовления
- 外食が多い
Часто питаться в местах общественного питания
- たばこを吸う
Курить
- よくお酒を飲む
Злоупотреблять спиртным

5つの大切な栄養素とそれを含む食べ物

5 основных питательных компонентов и продукты, их содержащие

炭水化物
углеводы

いも
картофель

とうふ
соевый творог
тофу

たんぱく質
белок

豆
соевые бобы

脂肪
жиры

ビタミン
витамины

のり　сушёные водоросли «Нори»

カルシウム
кальций

海草　морские водоросли

36

67

IV. Грамматика

1. | **ГЛАГ₁ словарная форма** | ように、**ГЛАГ₂**
ГЛАГ₁ ない-форма ない

В этой речевой конструкции ГЛАГ₁ указывает задачу или цель, а ГЛАГ₂ – совершаемое волевое действие для достижения этой цели.

① 速く 泳げるように、毎日 練習して います。
　　цель　　　　　　　(волевое) действие

Чтобы быстро плавать, каждый день тренируюсь.

② 忘れないように、メモして ください。
　　задача　　　　　(волевое) действие

Чтобы не забыть, запишите, пожалуйста,

В придаточном предложении цели перед 「ように」 употребляется словарная форма неволеизъявительных глаголов (например, глаголы 「わかります」、「みえます」、「きこえます」、「なります」 и др., а также глаголы в потенциальном залоге) (①) или глаголы в отрицательной форме (②).

2. | **ГЛАГ словарная форма** ように | なります
ГЛАГ ない-форма なく

1) Глагол 「なります」 указывает, что некое первоначальное состояние изменяется, переходит в другое состояние. В этой речевой конструкции используются глаголы 「わかります」、「みえます」 и др., а также глаголы в потенциальном залоге, т.е. глаголы, выражающие вероятность или возможность. 「ГЛАГ словарная форма ように なります」 описывает ситуацию, в которой нечто невозможное, перешло в состояние возможности совершить это действие. 「ГЛАГ ない-форма なく なります」 выражает обратное (т.е. в результате каких-то изменений прежнее состояние более не существует).

③ 毎日 練習すれば、泳げるように なります。

Если каждый день тренироваться, то научитесь плавать.

④ やっと 自転車に 乗れるように なりました。

Наконец-то я научился ездить на велосипеде.

⑤ 年を 取ると、小さい 字が 読めなく なります。

С возрастом мелкий фрифт перестала видеть.

⑥ 太りましたから、好きな 服が 着られなく なりました。

Растолстела, т.ч. перестала влезать в любимое платье.

2) Ниже дан пример отрицательного ответа с 「いいえ」 на вопрос 「～ように なりましたか」.

⑦ ショパンが 弾けるように なりましたか。

Вы уже играете Шопена?

…いいえ、まだ 弾けません。

– Нет, ещё не могу.

Примечание: Хотя это и не рассматривается в Учебнике, но, как показано в следующих двух примерах, если используются глаголы, не выражающие вероятность, а другие, то конструкция с 「～ように なりました」 или 「～なく なりました」 указывает, что некие обычай или привычка, ранее не существовавшие, появились ⑧, или, наоборот, обычай или привычка, ранее существовавшие, оказались утраченными или устарели ⑨.

⑧ 日本人は 100年ぐらいまえから 牛肉や 豚肉を 食べるように なりました。

Японцы стали есть говядину и свинину около 100 лет назад.

⑨ 車を 買ってから、わたしは あまり 歩かなく なりました。

Как купил машину, я перестал ходить пешком.

Такие глаголы, как 「なれる」, 「ふとる」, 「やせる」 и др., которые сами по себе выражают процесс изменения, в этой конструкции не употребляются.

3.

ГЛАГ словарная форма	⎫
ГЛАГ ない-форма ない	⎬ ように します

Эта речевая конструкция указывает, что какое-то действие совершается или, наоборот, не совершается по устоявшемуся обычаю, привычке или в результате продолжительных усилий.

1)～ように して います

Конструкция указывает, что действие совершается по привычке, «как заведено» или в результате постоянного внимания к выполнению установленного режима.

⑩ 毎日 運動して、何でも 食べるように して います。　　Каждый день я стараюсь двигаться и разнообразно питаться.

⑪ 歯に 悪いですから、甘い 物を 食べないように して います。　　Я стараюсь не есть сладкого, поскольку это вредно для зубов.

2)～ように して ください

По сравнению с выражением непосредственной просьбы в конструкции 「～て／～ないで ください」 конструкция 「～ように して ください」 содержит косвенную просьбу и является более вежливым выражением требования. Рассмотрим примеры:

(1) Требование приложить усилие, чтобы действие стало привычным и постоянным.

⑫ もっと 野菜を 食べるように して ください。　　Пожалуйста, старайтесь есть больше овощей.

(2) Вежливо выраженное требование приложить усилия, чтобы совершить или не совершать чего-либо один раз.

⑬ あしたは 絶対に 時間に 遅れないように して ください。　　Завтра постарайтесь, пожалуйста, ни в коем случае не опаздывать.

Примечание: Выражение 「～ように して ください」 не употребляется для выражения просьбы сделать что-либо в момент речи.

⑭ すみませんが、塩を 取って ください。　　Будьте любезны, передайте соль, пожалуйста.

× すみませんが、塩を 取るように して ください。

4. とか

「～とか」 употребляется так же, как 「～や」 при приведении примеров, но является более разговорным вариантом. В отличие от 「～や」, 「～とか」 ставится после каждого, включая и последнее перечисляемое существительное.

⑮ どんな スポーツを して いますか。　　Какими видами спорта вы занимаетесь?

…そうですね。テニスとか 水泳とか……。　　– М-м... Например, теннис или плавание...

Урок 37

I. Новые слова

ほめます Ⅱ	褒めます	хвалить, одобрять
しかります Ⅰ	叱ります	ругать, бранить, упрекать
さそいます Ⅰ	誘います	приглашать, заходить за *кем-л.*
おこします Ⅰ	起こします	будить, поднимать
しょうたいします Ⅲ	招待します	приглашать
たのみます Ⅰ	頼みます	просить
ちゅういします Ⅲ	注意します	обращать внимание, делать замечание
とります Ⅰ		отнимать
ふみます Ⅰ	踏みます	наступать *на что-л.*, топтать
こわします Ⅰ	壊します	ломать, разрушать; испортить, повредить
よごします Ⅰ	汚します	пачкать, загрязнять
おこないます Ⅰ	行います	совершать, осуществлять, проводить (мероприятие и т.п.)
ゆしゅつします Ⅲ	輸出します	экспортировать
ゆにゅうします Ⅲ	輸入します	импортировать
ほんやくします Ⅲ	翻訳します	переводить
はつめいします Ⅲ	発明します	изобретать
はっけんします Ⅲ	発見します	открывать, делать открытие
せっけいします Ⅲ	設計します	проектировать, планировать, составлять чертёж
こめ	米	рис
むぎ	麦	зерновые, злаковые
せきゆ	石油	нефть
げんりょう	原料	сырьё
デート		свидание
どろぼう	泥棒	вор, грабитель, жулик
けいかん	警官	полицейский, полиция
けんちくか	建築家	архитектор
かがくしゃ	科学者	учёный
まんが	漫画	комикс, манга
せかいじゅう	世界中	весь мир
〜じゅう	〜中	весь ~, вся ~, всё ~, все ~
〜に よって		благодаря, при помощи, на основании (часто деятель переводится творительным падежом)
よかったですね。		Очень хорошо, не так ли?
※ドミニカ		Доминиканская республика

※ライト兄弟	Братья Райт (США), пионеры в области авиации Уилбур Райт (1867-1912) Орвил Райт (1871-1948)
※源氏物語	«Повесть о Гэндзи», японский роман
※紫式部	писательница эпохи Хэйан (9-й век), автор «Повесть о Гэндзи» (973?-1014?)
※グラハム・ベル	Александер Грейам Белл, американский изобретатель (1847-1922)
※東照宮	Синтоистский храм, восхваляющий Токугава Иэясу, в Никко, префектура Тотиги
※江戸時代	эпоха Эдо (1603-1868)
※サウジアラビア	Саудовская Аравия

◀会話▶

埋め立てます II	засыпать, осушать
技術	технология
土地	земля
騒音	шум
利用します III	использовать
アクセス	доступ

.... 読み物　Внеклассное чтение ....

一世紀	-й век
豪華 [な]	роскошный, великолепный
彫刻	рельеф, резьба; скульптура
眠ります I	спать
彫ります I	гравировать, резать; ваять
仲間	приятель, дружок из компании
その あと	после этого
一生懸命	изо всех сил, усердно
ねずみ	мышь
一匹も いません。	нет ни одн(-ой, -ого мелкого животного)
※眠り猫	Спящая кошка
※左 甚五郎	знаменитый японский скульптор эпохи Эдо (1549-1651)

....

II. Перевод

Речевые модели

1. В детстве меня мать часто ругала.
2. В час пик в поезде мне отдавили ногу.
3. Храм Хорюдзи был построен в 607 году.

Примеры

1. Утром меня вызвал начальник департамента.
   – Что-нибудь случилось?
   Сделал замечание по поводу написания отчёта о командировке.
2. Что случилось?
   – Кто-то перепутал зонты.
3. Опять открыта новая звезда!
   – Правда?
4. Где в этом году будет проходить Международный детский форум?
   – В Хиросиме.
5. Из чего (из какого сырья) делают саке?
   – Из риса.
   А пиво?
   – Пиво делают из зерновых.
6. В Доминиканской республике на каком языке говорят?
   – На испанском.
7. Учитель, кто изобрёл самолёт?
   – Самолёт был изобретён братьями Райт.

Диалог

Аэропорт Кансай построен на насыпной земле

Мацумото: Господин Шмит, вы впервые в аэропорту Кансай?
Шмит: Да. Неужели он построен на море?
Мацумото: Да. Здесь искусственно насыпанный в море остров.
Шмит: Потрясающая технология.
Но зачем засыпали море?
Мацумото: В Японии мало земли, и к тому же, поскольку на море, то нет проблемы шумов, не так ли?
Шмит: Так что можно использовать 24 часа?
Мацумото: Да.
Шмит: И это здание интересной архитектуры, не правда ли?
Мацумото: Спроектировано итальянским архитектором.
Шмит: А добираться сюда удобно?
Мацумото: От вокзала Осака на поезде около часа.
А из Кобе можно доехать и водным транспортом.

III. Справочная информация

事故・事件　НЕСЧАСТНЫЙ СЛУЧАЙ・АВАРИЯ

殺す　убивать

撃つ　нападать, стрелять

刺す　ударить ножом

かむ　покусать (собака и хищные звери)

ひく　переехать, задавить

はねる　сбить, отбросить

衝突する　сталкиваться (лобовое столкновение)

追突する　наехать на *кого-л./что-л.* сзади, врезаться в едущую (стоящую) впереди машину

盗む　красть, воровать

誘拐する　похищать (человека)

ハイジャックする　захватывать (самолёт)

墜落する　упасть, разбиться (о самолёте)

運ぶ　переносить, транспортировать

助ける　спасать

爆発する　взрываться

沈没する　тонуть, идти ко дну

IV. Грамматика

1. Страдательный залог глаголов

Правила образование страдательного залога см. Учебник, урок 37, стр. 96, упражнение А1.

		страдательный залог	
		вежливая форма	нейтральная форма
I	かきます	かかれます	かかれる
II	ほめます	ほめられます	ほめられる
III	きます	こられます	こられる
	します	されます	される

Глаголы в страдательном залоге имеют словарную форму, ない-форму, て-форму, подобно глаголам 2-й группы.

Например, かかれる、かかれ (ない)、かかれて

2. СУЩ₁ (лицо₁)は СУЩ₂ (лицо₂)に ГЛАГ страдательный залог

Эта речевая конструкция выражает действие, произведённое лицом₂ (деятель) в отношении лица₁ (объект действия), причём действие описывается с позиции лица₁, т.е. с позиции объекта действия. В предложении с глаголом в страдательном залоге лицо₁ (объект действия) является темой предложения и оформляется частицей 「は」, а лицо₂ (деятель) – частицей 「に」.

先生は わたしを 褒めました。 Учитель меня похвалил.

① わたしは 先生に 褒められました。 Меня похвалил учитель. (Я был похвален учителем.)

母は わたしに 買い物を 頼みました。 Мать меня попросила пойти за покупками.

② わたしは 母に 買い物を 頼まれました。 Меня попросила мать пойти за покупками.

Деятелем (сущ₂) может быть не только человек, то и любой движущийся предмет (животное, машина и т. д.).

③ わたしは 犬に かまれました。 Меня укусила собака.

3. СУЩ₁ (лицо₁)は СУЩ₂ (лицо₂)に СУЩ₃を ГЛАГ страдательный залог

Эта речевая конструкция описывает действие, которое лицо₂ (деятель) совершило в отношении предмета/вещи (СУЩ₃), принадлежащей лицу₁. В большинстве случаев конструкция выражает раздражение лица₁ по поводу доставленного беспокойства в результате этого действия.

弟が わたしの パソコンを 壊しました。 Брат сломал мой компьютер.

④ わたしは 弟に パソコンを 壊されました。 Брат сломал мне компьютер./Мой компьютер сломан братом.

В этой речевой конструкции так же, как и в конструкции, описанной выше в §2, деятелем может быть любой движущийся предмет.

⑤ わたしは 犬に 手を かまれました。 Собака укусила меня за руку.

Примечание 1: В предложениях, подобных примерам ④ и ⑤, темой является не объект (СУЩ₃) при переходном глаголе, а лицо (СУЩ₁), пострадавшее в результате действия. Поэтому о ситуации, описанной в примере ④, нельзя сказать: 「わたしの パソコンは おとうとに こわされました」.

Примечание 2: Эта речевая конструкция косвенно выражает раздражение или досаду лица (СУЩ₁), пострадавшего в результате действия. Поэтому конструкция не используется в случае выражения благодарности за полученное действие. В этом случае используется конструкция, представленная в Уроке 24, 「～て もらいます」.

⑥ わたしは 友達に 自転車を 修理して もらいました。 Друг починил мне велосипед.

× わたしは 友達に 自転車を 修理されました。

4. СУЩ (вещь/обстоятельство) が／は ГЛАГ страдательный залог

Если при описании ситуации нет особой необходимости принимать во внимание лицо, совершающее действие, то можно СУЩ (вещь/обстоятельство) принять как подлежащее и использовать глагол в страдательном залоге.

⑦ フランスで 昔の 日本の 絵が 発見されました。 Во Франции обнаружена старинная японская картина.

⑧ 日本の 車は 世界中へ 輸出されて います。 Японские машины экспортируются во все страны.

⑨ 会議は 神戸で 開かれました。 Конференция открыта в Кобе.

5. СУЩ₁ は СУЩ₂ (лицо) に よって ГЛАГ страдательный залог

Если используется страдательный залог глаголов, выражающих творчество или открытия (напр., かきます, はつめいします, はっけんします и др.), то деятель оформляется не частицей 「に」, а служебным словом 「に よって」.

⑩ 「源氏物語」は 紫式部に よって 書かれました。 «Повесть о Гэндзи» была написана Мурасаки Сикибу.

⑪ 電話は ベルに よって 発明されました。 Телефон был изобретён Беллом.

6. СУЩ から／СУЩ で つくります

Если речь идёт о производстве, сооружении чего-либо, то «сырьё» оформляется частицей 「から」, а «(строительный) материал» – частицей 「で」.

⑫ ビールは 麦から 造られます。 Пиво делают из зерновых.

⑬ 昔 日本の 家は 木で 造られました。 В старину японские дома строили из дерева.

Урок 38

I. Новые слова

そだてます Ⅱ	育てます	воспитывать, выращивать, разводить
はこびます Ⅰ	運びます	переносить, перевозить, транспортировать
なくなります Ⅰ	亡くなります	скончаться (эвфемизм, употребляемый вместо しにます Урок 39)
にゅういんします Ⅲ	入院します	ложиться в больницу, быть госпитализированным
たいいんします Ⅲ	退院します	выходить, выписываться из больницы
いれます Ⅱ	入れます	включать
［でんげんを～］	［電源を～］	［～ электропитание］
きります Ⅰ	切ります	выключать
［でんげんを～］	［電源を～］	［～ электропитание］
かけます Ⅱ	掛けます	закрывать, запирать
［かぎを～］		［～ на ключ, ключом］
きもちが いい	気持ちが いい	приятный, уютный
きもちが わるい	気持ちが 悪い	неприятный, отвратительный
おおきな ～	大きな ～	большой
ちいさな ～	小さな ～	маленький
あかちゃん	赤ちゃん	младенец, дитя
しょうがっこう	小学校	начальная школа
ちゅうがっこう	中学校	средняя школа
えきまえ	駅前	территория, прилегающая к станции / вокзалу
かいがん	海岸	морское побережье, взморье
うそ		ложь
しょるい	書類	документ, бумаги
でんげん	電源	электропитание
～せい	～製	сделано в ...

［あ、］いけない。		А, скверно! (употребляется в качестве междометия при совершении ошибки)
おさきに 　［しつれいします］。	お先に 　［失礼します］。	Разрешите откланяться (раньше Вас).
※原爆ドーム 　げんばく		«Атомный дом» (в Мемориальном комплексе жертв атомной бомбардировки Хиросимы)

◀会 話▶

回覧 かいらん	документы, с которыми необходимо ознакомиться и затем передать по очереди следующему члену коллектива
研究室 けんきゅうしつ	лаборатория, кабинет
きちんと	аккуратно, точно
整理します Ⅲ せいり	приводить в порядок
～と いう 本 　　　　ほん	книга, которая называется...
一冊 　さつ	счётный суффикс для книг и т.п.
はんこ	личная печать
押します［はんこを～］ Ⅰ お	ставить [~ печать]

······················ 読み物　Внеклассное чтение ································

双子 ふたご	близнецы
姉妹 しまい	сёстры
５年生 　ねんせい	ученик(-ца) пятого класса
似て います Ⅱ に	быть похожим
性格 せいかく	характер
おとなしい	спокойный, послушный
世話を します Ⅲ せわ	заботиться, ухаживать
時間が たちます Ⅰ じかん	время проходит
大好き［な］ だい す	очень любить (любимый)
一点 　てん	– балл(-ов) на экзамене → в большинстве японских учебных заведений наивысший балл – 100.
クラス	класс
けんかします Ⅲ	драться
不思議［な］ ふ し ぎ	странный, удивительный

··

38

77

II. Перевод

Речевые модели

1. Писать картины приятно.
2. Я люблю смотреть на звёзды.
3. Забыл взять с собой кошелёк.
4. Я приехал в Японию в марте прошлого года.

Примеры

1. Вы продолжаете вести дневник?
   – Нет, через 3 дня полностью забросил.
   Начать легко, а продолжать трудно, не так ли?
2. Как много цветов, какой красивый сад!
   – Благодарю вас.
   Муж преуспел в разведении цветов.
3. Как вам Токио?
   – Так много людей! И все несутся!
4. О, чёрт!
   – В чём дело?
   Забыл закрыть окно машины.
5. А вы знаете, что у Кимура сан родился ребёнок?
   – Нет, я не знал. Когда?
   Около месяца назад.
6. Вы помните, в кого были влюблены первый раз в жизни?
   – Да. Впервые я встретил её в классе начальной школы.
   Она была учительницей музыки.

Диалог

Я люблю наводить порядок

Сотрудница университета:	Профессор Уатт, документ для ознакомления.
Уатт:	Спасибо. Оставьте его, пожалуйста, здесь.
Сотрудница университета:	В вашем кабинете всегда чисто, не правла ли?
Уатт:	Я люблю наводить порядок.
Сотрудница университета:	Книги аккуратно расставлены, и всё находится на своём месте... Вы умеете тщательно убирать.
Уатт:	Когда-то я даже написал книгу, которая называлась «Руководство по тщательной уборке».
Сотрудница университета:	Вот это да!
Уатт:	Но она продавалась не очень хорошо. Если хотите, я принесу вам одну.

Сотрудница университета:	Доброе утро.
Уатт:	Ах, я забыл принести книгу. Виноват.
Сотрудница университета:	Ничего страшного. Только, пожалуйста, не забудьте поставить печать на прочитанном документе. В прошлом месяце тоже оставили без печати.

III. Справочная информация

年中行事 ОБРЯДЫ И ТОРЖЕСТВА В ТЕЧЕНИЕ ГОДА
<ruby>ねんちゅうぎょうじ</ruby>

お正月 Новый год
<ruby>しょうがつ</ruby>

Празднование в начале года.

Посещение синтоистских или буддийских храмов с молитвами о здоровье и благополучии в течение года. В первый день Нового года доставляют новогодние поздравительные открытки.

1月1日〜3日

ひな祭り Праздник кукол
<ruby>まつ</ruby>

В семьях, где есть дочери, выставляют ритуальные куклы в качестве украшения.

3月3日

こどもの日
<ruby>ひ</ruby>

День детей

5月5日

Праздник в ознаменование взросления и здоровья детей.

Первоначально это был праздник, посвященный взрослению мальчиков.

七夕 «Праздник Ткачихи»
<ruby>たなばた</ruby>

7月7日

7-го июля раз в год звёзды Альтаир и Вега восходят с восточной и западной окраин небосвода и максимально сближаются на Млечном пути. Это астрономическое явление легло в основу китайской легенды о «Пастухе и Ткачихе».

お盆
<ruby>ぼん</ruby>

«Праздник Бон»

8月13日〜15日

«Праздник Бон» – буддийский обряд поклонения душам усопших предков. Посещение могил.

お月見
<ruby>つきみ</ruby>

Любование луной

Наслаждение созерцанием красоты полнолуния.

9月15日ごろ

大みそか Канун Нового года
<ruby>おお</ruby>

Последний день уходящего года. Предновогодняя генеральная уборка, приготовление новогодних праздничных блюд и пр. хлопоты накануне Нового года.

Ближе к полуночи в храмах звонят колокола.

12月31日

IV. Грамматика

1. **ГЛАГ нейтральная форма** の

В Уроке 18 (IV. Грамматика, §2) был представлен способ субстантивации глаголов с помощью слова 「こと」. В этом Уроке будет представлен ещё один способ: присоединение частицы 「の」 к нейтральной форме глагола позволяет субстантивировать этот глагол, т.е. субстантивированный оборот выполняет в предложении функцию имени существительного.

2. **ГЛАГ словарная форма** のは **ПРИЛ** です

① テニスは おもしろいです。　　　　Теннис – это интересно.
② テニスを するのは おもしろいです。　Играть в теннис интересно.
③ テニスを 見るのは おもしろいです。　Смотреть теннис интересно.

В примере ① просто говорится о теннисе как о спорте, тогда как в примерах ② (играть в теннис) и ③ (смотреть теннис) более конкретно объясняется, что именно интересно. Такие прилагательные, как 「むずかしい」, 「やさしい」, 「おもしろい」, 「たのしい」, 「きけん [な]」, 「たいへん [な]」 и т.п. часто употребляются в этой речевой конструкции.

3. **ГЛАГ словарная форма** のが **ПРИЛ** です

④ わたしは 花が 好きです。　　　　　Я люблю цветы.
⑤ わたしは 花を 育てるのが 好きです。　Я люблю выращивать цветы.
⑥ 東京の 人は 歩くのが 速いです。　　Токийцы ходят быстро.

В этой речевой конструкции употребляются прилагательные, которые выражают вкусы, предпочтения, навыки или умения, например: 「すき [な]」, 「きらい [な]」, 「じょうず [な]」, 「へた [な]」, 「はやい」, 「おそい」 и т. п.

4. **ГЛАГ словарная форма** のを 忘れました　«Забыл (что-то) сделать»

⑦ かぎを 忘れました。　　　　　　　Забыл ключи.
⑧ 牛乳を 買うのを 忘れました。　　　Забыл купить молоко.
⑨ 車の 窓を 閉めるのを 忘れました。　Забыл закрыть окно в машине.

В примере ⑧ описана ситуация: «предполагал купить молоко, но забыл это сделать», а в примере ⑨: «думал закрыть окно в машине, но по невнимательности забыл, и окно осталось открытым».

5. **ГЛАГ нейтральная форма** のを 知って いますか　«Вы знаете, что...»

Эта речевая конструкция позволяет спросить собеседника, знает он или нет то, о чём говорится в субстантивированном обороте.

⑩ 鈴木さんが 来月 結婚するのを 知って いますか。　Вы знаете, что Судзуки сан в следующем месяце женится?

38

Примечание: Различие между 「しりません」 и 「しりませんでした」:

⑪ 木村さんに 赤ちゃんが 生まれたのを 知って いますか。 　　　Вы знаете, что у Кимура
　　　　　　　　　　　　　　　　　　　　　　　　　　　　　сан родился ребёнок?

　　…いいえ、知りませんでした。 　　　　　　　　　　　　　　– Нет, я не знал.

⑫ ミラーさんの 住所を 知って いますか。 　　　　　　　Вы знаете адрес господина
　　　　　　　　　　　　　　　　　　　　　　　　　　　　　Миллера?

　　…いいえ、知りません。 　　　　　　　　　　　　　　　　– Нет, не знаю.

В примере ⑪ отвечающий до того, как ему был задан вопрос, не знал о том, что «родился ребёнок» и, узнав об этом из вопроса, теперь знает, поэтому в ответе 「しりませんでした」. В то же время в примере ⑫ отвечающий ни до, ни после того, как ему задали вопрос, запрашиваемой информацией не располагает, поэтому отвечает 「しりません」.

6.

ГЛАГ				
い-прилагательное	нейтральная форма		のは	СУЩ です
な-прилагательное	нейтральная форма			
СУЩ	～だ→～な			

娘は 北海道の 小さな 町で 生まれました。 　　　Дочь родилась в маленьком
　　　　　　　　　　　　　　　　　　　　　　　　　　　　городке на Хоккайдо.

⑬ 娘が 生まれたのは 北海道の 小さな 町です。 　　Место рождения дочери –
　　　　　　　　　　　　　　　　　　　　　　　　　　　　маленький городок на Хоккайдо.

12月は 1年で いちばん 忙しいです。 　　　　　　　Декабрь – самый напряжённый
　　　　　　　　　　　　　　　　　　　　　　　　　　　　месяц в году.

⑭ 1年で いちばん 忙しいのは 12月です。 　　　　Самый напряжённый месяц в году
　　　　　　　　　　　　　　　　　　　　　　　　　　　　– это декабрь.

В этой речевой конструкции существительное, обозначающее «предмет», «лицо», «место» и т.д., заменяется частицей 「の」 и полученный оборот оформляется в качестве темы предложения. В примере ⑬ «место рождения дочери» и в примере ⑭ «самый напряжённый месяц в году» являются темами предложений, и информация по поводу этой темы следует после 「は～」.

7. 　～ときも／～ときや／～ときの／～ときに **и т.п.**

В Уроке 23 был представлен союз 「～とき」, с помощью которого придаточное предложение времени присоединяется к главному. Здесь следует уточнить, что 「とき」 буквально значит время и является существительным, выполняющим функцию союза. Следовательно, как к существительному, к 「～とき」 могут быть присоединены различные частицы.

⑮ 疲れた ときや 寂しい とき、田舎を 思い出す。 　　Когда устаю или когда мне
　　　　　　　　　　　　　　　　　　　　　　　　　　　　грустно, то вспоминаю родные
　　　　　　　　　　　　　　　　　　　　　　　　　　　　места. 　　　　　　　　（Урок 31)

⑯ 生まれた ときから、ずっと 大阪に 住んで います。 　С тех пор, как родилась, я
　　　　　　　　　　　　　　　　　　　　　　　　　　　　постоянно живу в Осака.

Урок 39

I. Новые слова

こたえます Ⅱ	答えます	отвечать
［しつもんに～］	［質問に～］	［～ на вопрос］
たおれます Ⅱ	倒れます	падать, валиться, рушиться
［ビルが～］		［здание ~］
やけます Ⅱ	焼けます	гореть, сгорать; печься; жариться
［うちが～］		［дом ~］
［パンが～］		［хлеб ~］
［にくが～］	［肉が～］	［мясо ~］
とおります Ⅰ	通ります	проходить, проезжать
［みちを～］	［道を～］	［~ по улице］
しにます Ⅰ	死にます	умереть
びっくりします Ⅲ		удивиться, удивляться
がっかりします Ⅲ		унывать, разочаровываться
あんしんします Ⅲ	安心します	быть спокойным, успокаиваться
ちこくします Ⅲ	遅刻します	опоздать
そうたいします Ⅲ	早退します	уйти с работы/из школы раньше установленного времени
けんかします Ⅲ		ссориться, драться
りこんします Ⅲ	離婚します	разводиться
ふくざつ［な］	複雑［な］	сложный, запутанный
じゃま［な］	邪魔［な］	мешающий, препятствующий
きたない	汚い	грязный
うれしい		радостный, весёлый
かなしい	悲しい	грустный, печальный
はずかしい	恥ずかしい	постыдный; стыдно
じしん	地震	землетрясение
たいふう	台風	тайфун
かじ	火事	пожар
じこ	事故	авария, происшествие, несчастный случай
［お］みあい	［お］見合い	смотрины

でんわだい	電話代	плата за телефон
～だい	～代	плата, стоимость
フロント		стойка администратора
－ごうしつ	－号室	комната № –
あせ	汗	пот (～を かきます потеть)
タオル		полотенце
せっけん		мыло
おおぜい	大勢	много людей

おつかれさまでした。 お疲れさまでした。 Спасибо за труд. (дословно «Вы очень устали» – употребляется как выражение благодарности за работу, главным образом, в адрес коллег или подчинённых. Это выражение часто используется вместо "さようなら" при прощании в конце рабочего дня.)

うかがいます。 伺います。 Я приду. (скромный эквивалент いきます)

◁会話▷

途中で по дороге, в пути, в процессе

トラック грузовик

ぶつかります Ⅰ столкнуться

並びます Ⅰ стоять в очереди

.... 読み物 Внеклассное чтение ....

大人 взрослый

洋服 европейская одежда

西洋化します Ⅲ европеизироваться

合います Ⅰ подходить, соответствовать

今では сейчас, в настоящее время

成人式 празднование совершеннолетия

II. Перевод

Речевые модели

1. Прослушав новости, удивился.
2. Здание было разрушено землетрясением.
3. Я плохо себя чувствую, поэтому пойду в больницу.

Примеры

1. Как (прошли) смотрины?
   – Когда увидела на фотографии, то думала, что он интересный мужчина, а встретились – и разочаровалась.
2. В эту субботу мы всей компанией идём в поход, вы не пойдёте с нами?
   – Извините, но в субботу обстоятельства так сложились, что я не смогу пойти.
3. Как (вам понравился тот) фильм?
   – Сюжет довольно запутанный, так что я плохо понял.
4. Извините за опоздание.
   – Что случилось?
   Из-за аварии автобус опоздал.
5. А теперь не пойти ли выпить?
   – Извините, но у меня дела, поэтому я уйду раньше вас.
   А, ну тогда, спасибо за труд.
6. В последнее время я сплю на футоне, что очень удобно.
   – А где же кровать?
   Комната тесная, и кровать мешала, поэтому я отдал её другу.

Диалог

Извините за опоздание

Миллер: Накамура сан, извините за опоздание.
Накамура: Миллер сан, что случилось?
Миллер: Дело в том, что по дороге произошла авария, и автобус опоздал.
Накамура: Автобус попал в аварию?
Миллер: Нет. На перекрестке столкнулись грузовик и легковая машина, и автобус не мог проехать.
Накамура: О-о, какой ужас!
          Вы не позвонили, и мы все волновались.
Миллер: Я хотел позвонить со станции, но выстроилась большая очередь... Приношу свои извинения.
Накамура: Хорошо.
          Итак, начнём совещание.

III. Справочная информация

気持ち　ЧУВСТВА

うれしい радостный, *что-то* радует	楽しい приятный, весёлый	寂しい грустный, заброшенный, одинокий	悲しい печальный, грустный
おもしろい интересный, занятный	うらやましい завистливый	恥ずかしい стыдный	懐かしい дорогой (сердцу), милый
びっくりする удивляться	がっかりする унывать, разочаровываться	うっとりする восхищаться, быть в восхищении	
いらいらする раздражаться, выходить из терпения	どきどきする трепетать, учащённо биться (о сердце)	はらはらする нервничать, быть в страхе	わくわくする быть взволнованным, предвкушать

IV. Грамматика

1.
| ГЛАГ **て-форма** |
| ГЛАГ **ない-форма** なくて |
| **い-ПРИЛ** (～いˌ) →～くて |
| **な-ПРИЛ** [な] →で |

} 、～

Эта речевая конструкция представляет собой сложно-подчинённое предложение с придаточным причины: сначала в придаточном предложении излагается причина, а затем в главном – следствие, порождённое этой причиной. В отличие от представленной в Уроке 9 речевой конструкции с союзом 「～から」, эта конструкция имеет различные ограничения в употреблении.

1) В главном предложении не употребляются волеизъявительные выражения, а употребляются или описываются только:

(1) Глаголы и прилагательные, выражающие эмоции: びっくりする, あんしんする, こまる, さびしい, うれしい, ざんねんだ и т. п.

① ニュースを 聞いて、びっくりしました。　Прослушав новости, удивился.

② 家族に 会えなくて、寂しいです。　Не вижусь с семьёй и скучаю.

(2) Глаголы в потенциальном залоге и глаголы, выражающие состояния:

③ 土曜日は 都合が 悪くて、行けません。　В субботу обстоятельства так сложились, что я не смогу пойти.

④ 話が 複雑で、よく わかりませんでした。　Сюжет довольно запутанный, так что я плохо понял.

(3) Прошлые, уже произошедшие обстоятельства:

⑤ 事故が あって、バスが 遅れて しまいました。　Произошла авария, и автобус опоздал.

⑥ 授業に 遅れて、先生に しかられました。　Я опоздал на занятие, и учитель отругал меня.

2) В главном предложении не употребляются волеизъявительные выражения, как то: выражения пожелания, приказания, приглашения, просьбы. Поэтому в этом случае вместо связки на 「～て」 используется союз 「～から」.

⑦ 危ないですから、機械に 触らないで ください。　Опасно, поэтому не трогайте станок, пожалуйста.

× 危なくて、機械に 触らないで ください。

3) В рассматриваемой речевой конструкции со связкой на 「～て」 первая и вторая части предложения описывают последовательные во времени события, т.е. сначала произошло, стало очевидным описываемое в придаточном предложении, а затем как результат – описываемое в главном предложении. Если же временная последовательность отсутствует, то используется союз 「～から」.

⑧ あした 会議が ありますから、きょう 準備しなければ なりません。

　　　　　Поскольку завтра будет совещание, сегодня мне надо подготовиться.

× あした 会議が あって、きょう 準備しなければ なりません。

2. СУЩで

Представленная в этом Уроке частица 「で」 указывает причину. Существительные, используемые в этой речевой конструкции, обозначают природные явления или катаклизмы, как то: 「じこ、じしん、かじ」 и т. д.

⑨ 地震で ビルが 倒れました。　　　　　Здание разрушено землетрясением。

Как и в речевой конструкции, рассмотренной в §1, волеизъявительные выражения не употребляются.

⑩ 病気で 会社を 休みました。　　　　　Из-за болезни я взял на работе выходной.
× 病気で あした 会社を 休みたいです。

3.

ГЛАГ	нейтральная форма	
い-ПРИЛ	нейтральная форма	ので、～
な-ПРИЛ	нейтральная форма	
СУЩ	～だ→～な	

Как и представленный в Уроке 9 союз 「～から」, союз 「～ので」 указывает на факторы или причины. Но если в придаточном предложении, присоединяемом союзом 「～から」, фактор или причина излагаются субъективно, то в придаточном, присоединяемом союзом 「～ので」, причинно-следственные отношения излагаются объективно, как возникшие в силу естественного хода событий. Это нивелирует субъективизм говорящего и оказывает более слабое воздействие на собеседника, поэтому речевая конструкция с союзом 「～ので」 часто используется для того, чтобы попросить разрешение, деликатно объяснив причину или представив объяснения.

⑪ 日本語が わからないので、英語で 話して いただけませんか。　Я не понимаю по-японски, поэтому вы не могли бы говорить по-английски.

⑫ 用事が あるので、お先に 失礼します。　У меня дела, поэтому я уйду раньше (вас).

Это выражение является деликатным, поэтому не употребляется с глаголами в повелительном или запретительном наклонении.

⑬ 危ないから、機械に 触るな。　　　　Опасно, поэтому к станку не прикасаться!
× 危ないので、機械に 触るな。

Примечание: Союз 「～ので」, как показано выше, используется в основном с нейтральными формами. Однако в более вежливых выражениях может употребляться и с вежливыми формами.

⑭ 用事が ありますので、お先に 失礼します。　У меня дела, так что хотелось бы уйти
(＝用事が あるので、お先に 失礼します。)　раньше (вас).

4. 途中で

「とちゅうで」 означает «в некой точке во время движения *куда-то*; по пути / по дороге *куда-то*». Употребляется после 「ГЛАГ словарная форма」 или 「СУЩ の」.

⑮ 実は 来る 途中で 事故が あって、　　Дело в том, что по дороге произошла авария,
バスが 遅れて しまったんです。　　　и автобус опоздал.

⑯ マラソンの 途中で 気分が 悪く なりました。　Во время марафона мне стало плохо.

Урок 40

I. Новые слова

かぞえます II	数えます	считать, подсчитывать
はかります I	測ります、量ります	измерять, взвешивать
たしかめます II	確かめます	проверять, удостоверяться
あいます I	合います	подходить
[サイズが～]		[размер ~]
しゅっぱつします III	出発します	отправляться
とうちゃくします III	到着します	прибывать
よいます I	酔います	опьянеть, напиться
きけん [な]	危険 [な]	опасный
ひつよう [な]	必要 [な]	нужный, необходимый
うちゅう	宇宙	космос, вселенная
ちきゅう	地球	Земля
ぼうねんかい	忘年会	предновогодняя вечеринка (дословно: вечеринка «Забвение горестей уходящего года»)
しんねんかい	新年会	новогодняя вечеринка (устраивается уже в Новом году)
にじかい	二次会	вторая часть (второе отделение, продолжение) вечеринки
たいかい	大会	собрание, съезд; спортивные соревнования
マラソン		марафон
コンテスト		конкурс
おもて	表	лицевая, внешняя сторона
うら	裏	задняя часть, внутренняя сторона, изнанка
へんじ	返事	ответ
もうしこみ	申し込み	заявление, заявка
ほんとう		правда
まちがい		ошибка
きず	傷	дефект, рана, царапина
ズボン		брюки
ながさ	長さ	длина
おもさ	重さ	вес, тяжесть
たかさ	高さ	высота
おおきさ	大きさ	величина
[－]びん	[－]便	рейс, номер рейса (самолёта)
－ごう	－号	номер (поезда, тайфуна и т.д.)
－こ	－個	счётный суффикс для мелких предметов

40

88

－ほん（－ぽん、－ぼん）	－本	счётный суффикс для длинных предметов
－はい（－ぱい、－ばい）	－杯	- стакан или чашка (*чего-л.*) (счётный суффикс для ёмкостей)
－キロ		- килограммов, километров
－グラム		- граммов
－センチ		- сантиметров
－ミリ		- миллиметров
〜いじょう	〜以上	не менее, чем 〜
〜いか	〜以下	не более, чем 〜
さあ		М-м, не уверен... (употребляется в ответе, если говорящий сомневается в правоте собеседника или точности собственного ответа)
※ゴッホ		Винсент Ван Гог, голландский художник (1853-90)
※雪祭り		Праздник снега в Саппоро
※のぞみ		название одного из поездов «Синкансэн»
※ＪＬ		«Японские Авиалинии»

◀会話▶

どうでしょうか。	Как насчёт...(вежливый эквивалент どうですか)
クラス	класс
テスト	тест, контрольная работа, экзамен
成績	результаты (напр., теста), успеваемость
ところで	кстати, ...
いらっしゃいます Ⅰ	приходить (вежливый эквивалент きます)
様子	положение вещей, ситуация

.... 読み物　Внеклассное чтение ....

事件	инцендент, происшествие
オートバイ	мотоцикл
爆弾	бомба, взрывное устройство
積みます Ⅰ	грузить, загружать, складывать
運転手	водитель
離れた	удалённый, отдалённый
が	и вдруг (в начале предложения, часто при неожиданном повороте событий); но...
急に	внезапно
動かします Ⅰ	начать, заработать, включить мотор
一生懸命	усердно, изо всех сил
犯人	преступник
手に入れます Ⅱ	получить, достать
今でも	даже сейчас
うわさします Ⅲ	говорить *о чём-л.*, обсуждать *что-л.*

II. Перевод

Речевые модели

1. Выясните, пожалуйста, во сколько прибывает рейс JL 107.
2. Пока неизвестно, тайфун номер 9 придёт в Токио или нет.
3. Я хотел бы попробовать взглянуть на Землю из космоса.

Примеры

1. Куда вы пошли продолжить вечеринку?
   – Я напился, поэтому совершенно не помню, куда.
2. Вы знаете, как измерить высоту гор?
   – М-м, как же это сделать?
3. Вы помните, когда мы впервые встретились?
   – (Это было) так давно, что уже совершенно забыл.
4. Ответьте, пожалуйста, до 20-го числа, сможете ли вы участвовать в предновогодней вечеринке.
   – Да, понятно.
5. Что там проверяют?
   – Проверяют, нет ли у людей, садящихся в самолёт, ножей и других опасных предметов.
6. Извините, можно примерить эту вещь?
   – Да, сюда, пожалуйста.

Диалог

Беспокоюсь, подружился ли мой сын с кем-нибудь ...

Клара: Ито сэнсэй, как у Ганса дела в школе?
Я беспокоюсь, подружился ли он с кем-нибудь...

Ито: Всё в порядке.
Ганс в классе пользуется популярностью.

Клара: Вот как? Вы меня успокоили.
А как с учёбой? Он говорит, что иероглифы очень трудны...

Ито: Каждый день я провожу иероглифическую контрольную работу, и у Ганса хорошие оценки.

Клара: Вот как? Большое спасибо.

Ито: Кстати, скоро будет спортивный праздник, папа тоже придёт?

Клара: Да.

Ито: Непременно посмотрите, как Ганс себя чувствует в школе.

Клара: Понятно. И в дальнейшем прошу вашей милости.

III. Справочная информация

単位・線・形・模様　ЕДИНИЦЫ ИЗМЕРЕНИЯ, ЛИНИИ, ФОРМЫ, УЗОРЫ

面積　Площадь

cm²	平方センチメートル	квадратный сантиметр
m²	平方メートル	квадратный метр
km²	平方キロメートル	квадратный километр

長さ　Длина

mm	ミリ［メートル］	миллиметр
cm	センチ［メートル］	сантиметр
m	メートル	метр
km	キロ［メートル］	километр

体積・容積　Объём и вместимость

cm³	立方センチメートル	кубический сантиметр
m³	立方メートル	кубический метр
ml	ミリリットル	миллилитр
cc	シーシー	cc
ℓ	リットル	литр

重さ　Вес

mg	ミリグラム	миллиграмм
g	グラム	грамм
kg	キロ［グラム］	килограмм
t	トン	тонна

計算　Арифметические действия

$$1 + 2 - 3 \times 4 \div 6 = 1$$

たす	ひく	かける	わる	は（イコール）
складывать, прибавлять	вычитать	умножать	делить	равно

線　Линии

直線	прямая линия	———
曲線	волнистая линия	〜〜〜
点線	пунктирная линия	··············

形　Фигуры

円（丸）	三角［形］	四角［形］
круг, окружность	треугольник	четырёхугольник

模様　Рисунок

 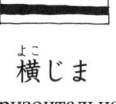  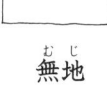

縦じま	横じま	チェック	水玉	花柄	無地
вертикальная полоска	горизонтальная полоска	клетка, в клетку	в горошек	в цветочек	без рисунка, однотонный

IV. Грамматика

1.

| Вопросительное слово | ГЛАГ / い-ПРИЛ / な-ПРИЛ / СУЩ | нейтральная форма / нейтральная форма / ～だ | か、～ |

В этой речевой конструкции вопрос с вопросительным словом выступает в качестве придаточного предложения.

① JL107便は 何時に 到着するか、調べて ください。 Выясните, пожалуйста, во сколько прибывает рейс JL 107.

② 結婚の お祝いは 何が いいか、話して います。 Мы говорим о том, что можно подарить на свадьбу.

③ わたしたちが 初めて 会ったのは いつか、覚えて いますか。 Вы помните, когда мы впервые встретились?

2.

| ГЛАГ / い-ПРИЛ / な-ПРИЛ / СУЩ | нейтральная форма / нейтральная форма / ～だ | か どうか、～ |

В этой речевой конструкции альтернатирный вопрос выступает в качестве придаточного предложения. Необходимо помнить, что после「нейтральная форма +か」обязательно следует「どうか」.

④ 忘年会に 出席するか どうか、20日までに 返事を ください。 Ответьте, пожалуйста, до 20-го числа, будете ли вы участвовать в предновогодней вечеринке.

⑤ その 話は ほんとうか どうか、わかりません。 Не знаю, эта история – правда или нет.

⑥ まちがいが ないか どうか、調べて ください。 Проверьте, пожалуйста, нет ли ошибок.

В примере ⑥ вместо「まちがいが あるか どうか」говорящий использует отрицательный оборот「まちがいが ないか どうか」, поскольку хочет удостовериться в отсутствии「まちがいが ない」ошибок.

3. ГЛАГ て-форма みます

Эта речевая конструкция указывает, что предпринимаемое действие является пробой, попыткой.

⑦ もう 一度 考えて みます。 Ещё раз попробую подумать.

⑧ 宇宙から 地球を 見て みたいです。 Я хотел бы попробовать взглянуть на Землю из космоса.

⑨ この ズボンを はいて みても いいですか。 Можно примерить эти брюки?

4. い-ПРИЛ (～<del>い</del>)→～さ   СУБСТАНТИВАЦИЯ ПРИЛАГАТЕЛЬНЫХ

Если в предикативном прилагательном окончание 「い」 заменить суффиксом 「さ」, то происходит субстантивация прилагательного.

напр.: 高い→高さ   長い→長さ   速い→速さ

⑩ 山の 高さは どうやって 測るか、知って いますか。   Вы знаете, как измерить высоту гор?

⑪ 新しい 橋の 長さは 3,911 メートルです。   Длина нового моста – 3.911 метров.

5. ハンスは 学校で どうでしょうか

Вопрос, оформленный 「～でしょうか」, предполагает, что собеседник, может быть, и не знает ответ или, наоборот, собеседник, возможно, ответит с уверенностью. Иными словами, подобный вопрос лишён категоричности, и поэтому звучит вежливо.

Урок 41

I. Новые слова

いただきます I		получать (скромный эквивалент もらいます)
くださいます I		давать (почтительно-вежливый эквивалент くれます)
やります I		давать (действие направлено от старшего к младшему по возрасту или положению)
よびます I	呼びます	звать, позвать; называть
とりかえます II	取り替えます	менять, обменивать *на что-л.*
しんせつに します III	親切に します	тепло, сердечно отнестись *к кому-л.*
かわいい		милый, славный, симпатичный
おいわい	お祝い	поздравление, праздник, празднование (〜を します поздравлять, праздновать)
おとしだま	お年玉	деньги в качестве новогоднего подарка
[お] みまい	[お] 見舞い	посещение больного; подарок как знак выражения сочувствия
きょうみ	興味	интерес, склонность, вкус *к чему-л.* ([コンピューターに] 〜が あります интересоваться [компьютерами])
じょうほう	情報	сообщение, известие, информация
ぶんぽう	文法	грамматика
はつおん	発音	произношение
さる	猿	обезьяна
えさ		корм
おもちゃ		игрушка
えほん	絵本	книга с картинками, иллюстрированная книга
えはがき	絵はがき	открытка
ドライバー		отвёртка, дрель
ハンカチ		носовой платок
くつした	靴下	носки
てぶくろ	手袋	перчатки
ゆびわ	指輪	кольцо, перстень
バッグ		сумка

そふ	祖父	дедушка (говорящего)
そぼ	祖母	бабушка (говорящего)
まご	孫	внук, внучка, внуки
おじ		дядя (говорящего)
おじさん		дядя (2-го или 3-го лица)
おば		тётя (говорящего)
おばさん		тётя (2-го или 3-го лица)
おととし		позапрошлый год

◁会話▷

はあ	А-а (употребляется в разговоре как знак того, что вы слушаете собеседника без возражений)
申し訳 ありません。	Мне очень неловко (за свою просьбу, поступок и т.п.).
預かります Ⅰ	получить *что-л.* на хранение
先日	совсем недавно, на (прошедших – позавчера, третьего дня и т.п.) днях
助かります Ⅰ	получить помощь; спастись, быть спасённым

.... 読み物　Внеклассное чтение ....

昔話	сказка
ある ～	один ~, некий, некоторый
男	мужчина
子どもたち	дети, ребятишки
いじめます Ⅱ	мучить, издеваться, обижать
かめ	черепаха
助けます Ⅱ	спасать, выручать (из беды)
[お]城	замок
お姫様	принцесса
楽しく	радостно, весело, приятно
暮らします Ⅰ	жить, проводить время
陸	земля, берег
すると	и тогда...; и вдруг...
煙	дым
真っ白[な]	белоснежный, совершенно белый
中身	содержимое

....

II. Перевод

Речевые модели

1. Я получил книгу от профессора Уатта.
2. Начальник отдела исправил ошибки в (подготовленном мною) письме.
3. Супруга начальника департамента научила меня чайной церемонии.
4. Я смастерил сыну бумажный самолёт.

Примеры

1. Красивая тарелка, не правда ли?
   – Да. Танака сан подарил на свадьбу.
2. Мама, можно дать сладости той обезьяне?
   – Нет. Там же написано, что кормить животных нельзя.
3. Вам когда-нибудь доводилось смотреть сумо?
   – Да. Недавно начальник департамента любезно взял меня с собой.
   Было очень интересно!
4. Господин Тавапон, как прошло проживание в семье во время летних каникул?
   – Замечательно. Все члены семьи очень тепло ко мне относились.
5. Что вы устроите для ребёнка на день рождения?
   – Позовём друзей и устроим праздник.
6. Я плохо представляю, как обращаться с новой копировальной машиной.
   Вы не будете любезны объяснить мне?
   – Конечно!

Диалог

Вы не будете любезны получить мои вещи?

Миллер:	Огава сан, у меня к вам небольшая просьба...
Огава Сатико:	Какая?
Миллер:	Дело в том, что сегодня вечером из универмага должны доставить покупку, а я должен уйти в связи с возникшими делами.
Огава Сатико:	А-а.
Миллер:	И мне очень неловко, но вы не будете любезны получить и подержать у себя?
Огава Сатико:	Да, конечно.
Миллер:	Спасибо. Как только вернусь, сразу приду и заберу.
Огава Сатико:	Хорошо.
Миллер:	Будьте так любезны.

Миллер:	Огава сан, большое вам спасибо за то, что на днях* вы получили мои вещи.
Огава Сатико:	Не за что.
Миллер:	Вы меня очень выручили.

* В японском языке при выражении благодарности за оказанную помощь не обязательно четко указать, когда это произошло, и употребление слова せんじつ совершенно не свидетельствует о том, что говорящий не очень хорошо помнит, когда была оказана помощь.

III. Справочная информация

便利情報 ПОЛЕЗНАЯ ИНФОРМАЦИЯ

宅配便なら、ペンギン便！
Доставка на дом – служба «Пингвин»!

旅行の荷物を家から空港まで配達します。
Доставим Ваш багаж из дома в аэропорт.

学生や単身者の小さい引っ越しをします。
Поможем при малообъёмных переездах студентов и малосемейных лиц. ☎03-3812-5566

泊まりませんか
Не переночуете ли у нас?

民宿 三浦
Гостиница «Миура»

安い、親切、家庭的な宿
недорогой ночлег и тепло домашнего уюта

☎ 0585-214-1234

公民館からのお知らせ　Информация от Социального центра

月曜日	пн.	日本料理講習会	Курсы японской кухни
火曜日	вт.	生け花スクール	Курсы Икэбаны
水曜日	ср.	日本語教室	Курсы японского языка

＊毎月第3日曜日　третье воскресенье каждого месяца　バザー　Распродажа

☎0798-72-2518

便利屋　Бюро добрых услуг
☎0343-885-8854

何でもします!!
Поможем во всём!!

☆家の修理、掃除
ремонт и уборка дома или квартиры

☆赤ちゃん、子どもの世話
няни для младенцев и малышей

☆犬の散歩
прогулка с собаками

☆話し相手
собеседник, которому Вы можете доверять

レンタルサービス
Услуги проката

何でも貸します!!
Всё, что угодно на прокат!!

・カラオケ　установки караокэ
・ビデオカメラ　видеокамеры
・着物　кимоно
・携帯電話　мобильные телефоны
・ベビー用品　товары для ухода за новорожденными
・レジャー用品　инвентарь для отдыха
・旅行用品　инвентарь для туризма и путешествий

☎0741-41-5151

お寺で体験できます
В Храме вы можете попробовать

禅ができます　дзэн-медитацию

精進料理が食べられます　постные блюда

金銀寺　☎0562-231-2010

IV. Грамматика

1. Выражения направленности действия при преподнесении-получении предметов

В Уроке 7 и Уроке 24 уже были представлены выражения направленности действия при преподнесении или получении предметов. В этом уроке вы познакомитесь с другими способами выражения лично-вежливых отношений между дающим и получающим.

1) СУЩ₁ に СУЩ₂ を やります

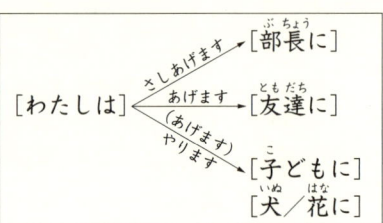

Если получающим является лицо, младшее по возрасту или положению, а также животное или растение, то обычно употребляется 「やります」. Однако в последнее время по отношению к людям чаще употребляется 「あげます」.

① わたしは 息子に お菓子を やりました（あげました）。　　　　Я дал сыну сладости.

② わたしは 犬に えさを やりました。　　　　Я накормил собаку.

Примечание: При желании выразить подчёркнуто-уважительное отношение к получающему употребляется 「さしあげます」.

2) СУЩ₁ に СУЩ₂ を いただきます

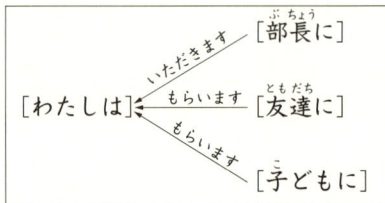

Если предмет получают от лица, старшего по возрасту или положению, то употребляется не 「もらいます」, а 「いただきます」.

③ わたしは 部長に お土産を いただきました。　　　Я получил сувенир от начальника департамента.

3) ［わたしに］ СУЩ を くださいます

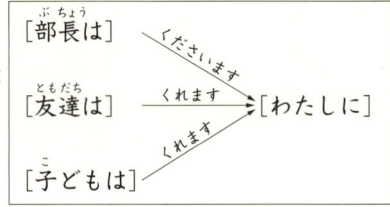

Если дающим является лицо, старшее по возрасту или положению, то употребляется не 「くれます」, а 「くださいます」.

④ 部長が わたしに お土産を くださいました。　　　Начальник департамента подарил мне сувенир.

「くださいます」 употребляется и в том случае, если получающий является членом семьи говорящего.

⑤ 部長が 娘に お土産を くださいました。　　　Начальник департамента подарил сувенир моей дочери.

2. Выражения направленности собственно действий

Для выражения направленности собственно действий глаголы 「やります」, 「いただきます」, 「くださいます」 используются как вспомогательные. Рассмотрим примеры:

1) ГЛАГ て-форма やります

⑥ わたしは 息子に 紙飛行機を 作って やりました（あげました）。　　　Я смастерил сыну бумажный самолёт.

⑦ わたしは 犬を 散歩に 連れて 行って やりました。　　　Я выгулял собаку.

⑧ わたしは 娘の 宿題を 見て やりました （あげました）。　　Я проверил у дочери
　　　домашнее задание.

Примечание: Как и представленная в Уроке 24 речевая конструкция на「～て あげます」, так и конструкция на「～て さしあげます」может произвести впечатление высокомерности. Поэтому лучше избегать её использовать в непосредственном разговоре с лицом, старшим по возрасту или положению.

2) ┌─────────────────────────────────┐
　　│ ГЛАГ て-форма いただきます │
　　└─────────────────────────────────┘

⑨ わたしは 課長に 手紙の まちがいを　　　　Начальник отдела исправил
　直して いただきました。　　　　　　　　　　ошибки в (подготовленном мною)
　　　　　　　　　　　　　　　　　　　　　　　письме.

3) ┌─────────────────────────────────┐
　　│ ГЛАГ て-форма くださいます │
　　└─────────────────────────────────┘

⑩ 部長の 奥さんは ［わたしに］ お茶を 教えて くださいました。　Супруга начальника
　　　　　　　　　　　　　　　　　　　　　　департамента научила меня чайной церемонии.

⑪ 部長は ［わたしを］ 駅まで　　　　　　　Начальник департамента подвёз
　送って くださいました。　　　　　　　　　меня до станции.

⑫ 部長は ［わたしの］ レポートを　　　　　Начальник департамента исправил
　直して くださいました。　　　　　　　　　мой доклад.

3. ┌──────────────────────────────────────┐
　　│ ГЛАГ て-форма くださいませんか │
　　└──────────────────────────────────────┘

Эта речевая конструкция является подчеркнуто-вежливым выражением просьбы. Однако, менее вежливым, чем представленная в Уроке 26 конструкция на「～て いただけませんか」.

⑬ コピー機の 使い方を 教えて くださいませんか。　　Вы не объясните мне, как
　　　　　　　　　　　　　　　　　　　　　　пользоваться копировальной машиной.

⑭ コピー機の 使い方を 教えて いただけませんか。　Вы не могли бы объяснить мне, как
　　　　　　　　　　　　　　　　　　　　　　пользоваться копировальной машиной. (Ур. 26)

4. ┌──────────────────┐
　　│ СУЩ に ГЛАГ │
　　└──────────────────┘

Частица「に」передаёт смысл: «в знак чего-л.», «на память о чём-л.».

⑮ 田中さんが 結婚の お祝いに　　　　　　　Танака сан подарил эту
　この お皿を くださいました。　　　　　　　тарелку на свадьбу.

⑯ わたしは 北海道旅行の お土産に　　　　　Я купила куклу на память о
　人形を 買いました。　　　　　　　　　　　путешествии на Хоккайдо.

Урок 42

I. Новые слова

つつみます Ⅰ	包みます	заворачивать, обёртывать, окутывать
わかします Ⅰ	沸かします	кипятить
まぜます Ⅱ	混ぜます	мешать, смешивать
けいさんします Ⅲ	計算します	считать, вычислять, калькулировать
あつい	厚い	толстый, многослойный
うすい	薄い	тонкий
べんごし	弁護士	адвокат, поверенный
おんがくか	音楽家	музыкант
こどもたち	子どもたち	дети
ふたり	二人	двое, пара (мужчина и женщина)
きょういく	教育	воспитание, образование, обучение
れきし	歴史	история
ぶんか	文化	культура
しゃかい	社会	общество
ほうりつ	法律	закон, право
せんそう	戦争	война
へいわ	平和	мир
もくてき	目的	цель
あんぜん	安全	безопасность, сохранность
ろんぶん	論文	сочинение, статья, диссертация
かんけい	関係	отношение, касательство, связь
ミキサー		миксер
やかん		чайник (для кипячения воды)
せんぬき	栓抜き	открывалка (для бутылок)
かんきり	缶切り	консервный нож
かんづめ	缶詰	консервы
ふろしき		«фуросики» – платок, в который заворачивают и завязывают ношу
そろばん		японские счёты
たいおんけい	体温計	медицинский термометр

ざいりょう	材料	материал, ингредиент
いし	石	камень
ピラミッド		пирамида
データ		данные, информация
ファイル		папка, файл
ある ～		некий, некоторый, один
いっしょうけんめい	一生懸命	изо всех сил
なぜ		почему
※国連		Организация Объединённых Наций
※エリーゼの ために		«К Элизе»
※ベートーベン		Людвиг ван Бетховен, немецкий композитор (1770-1827)
※ポーランド		Польша

◁会 話▷

ローン	кредит
セット	комплект, набор, сервиз
あと	остальное; оставшаяся, неиспользованная часть

.... 読み物 Внеклассное чтение ....

カップラーメン	китайская лапша быстрого приготовления (продаётся в упаковке-миске из полистерола)
インスタントラーメン	китайская лапша быстрого приготовления (продаётся в брикетах)
なべ	кастрюля
どんぶり	керамическая миска
食品	продукты питания
調査	исследование
カップ	чашка
また	а также, или
～の 代わりに	вместо ~
どこででも	везде, где угодно
今では	в настоящее время

....

42

101

II. Перевод

Речевые модели

1. Коплю деньги (для того), чтобы в будущем иметь свой магазин.
2. Эти ножницы используют для того, чтобы срезать цветы.

Примеры

1. Каждый день упражняюсь, чтобы этим летом принять участие в танцах на празднике Бон.
   – Вот как? Предвкушаете, не так ли.
2. Почему вы отправляетесь в горы в одиночестве?
   – Иду в горы, чтобы оказаться одному и подумать.
3. Вы делаете что-нибудь для поддержания здоровья?
   – Нет. Но со следующей недели собираюсь по утрам бегать.
4. Красивая мелодия, не правда ли?
   – Это же «К Элизе». Эту пьесу Бетховен написал для одной девушки.
5. Это для чего (используется)?
   – (Используется,) чтобы открывать вино.
6. В Японии, чтобы сыграть свадьбу, сколько нужно денег?
   – Думаю, нужно 2 миллиона иен.
   Ого! Нужно целых 2 миллиона иен?
7. В этой сумке много отделений, не правда ли?
   – Да. Кошелёк, всякие бумаги, носовой платок и проч. можно положить по отдельности, поэтому удобно и в путешествие, и на работу.

Диалог

На что вы потратите бонус?

Судзуки: Хаяси сан, когда выплачивают бонус?
Хаяси: На следующей неделе. А в вашей фирме?
Судзуки: Завтра. Жду с нетерпением.
Сначала я выплачу кредит за машину, куплю комплект для гольфа, а потом поеду путешествовать ...
Огава: Вы не откладываете?
Судзуки: Откладывать? Я об этом как-то и не думал.
Хаяси: А я отправлюсь в путешествие в Лондон, а остальное отложу.
Судзуки: Копите на свадьбу?
Хаяси: Нет. Когда-нибудь собираюсь поехать в Англию учиться.
Огава: Да, хорошо холостым! Все деньги можно потратить на себя…
А я выплачу кредит за дом, отложу деньги на обучение детей, и почти ничего не останется.

III. Справочная информация

<ruby>事務用品<rt>じむようひん</rt></ruby>・<ruby>道具<rt>どうぐ</rt></ruby>　КАНЦЕЛЯРСКИЕ ПРИНАДЛЕЖНОСТИ И ИНСТРУМЕНТЫ

とじる скреплять	はさむ・とじる скреплять	<ruby>留<rt>と</rt></ruby>める прикалывать	<ruby>切<rt>き</rt></ruby>る резать
ホッチキス степлер	クリップ скрепки	<ruby>画<rt>が</rt></ruby>びょう（<ruby>押<rt>お</rt></ruby>しピン） кнопки	カッター　　はさみ нож для резки бумаги　ножницы

はる клеить, приклеивать		<ruby>削<rt>けず</rt></ruby>る точить	ファイルする подшивать, складывать в папку
セロテープ　　ガムテープ　　のり скотч　клейкая лента　клей		<ruby>鉛筆削<rt>えんぴつけず</rt></ruby>り точилка для карандашей	ファイル папка

<ruby>消<rt>け</rt></ruby>す стирать	（<ruby>穴<rt>あな</rt></ruby>を）あける пробивать, прокалывать (дырки)	<ruby>計算<rt>けいさん</rt></ruby>する подсчитывать	（<ruby>線<rt>せん</rt></ruby>を）<ruby>引<rt>ひ</rt></ruby>く／<ruby>測<rt>はか</rt></ruby>る проводить (линию) / измерять
<ruby>消<rt>け</rt></ruby>しゴム　　<ruby>修正液<rt>しゅうせいえき</rt></ruby> ластик　　замазка	パンチ дырокол	<ruby>電卓<rt>でんたく</rt></ruby> калькулятор	<ruby>定規<rt>じょうぎ</rt></ruby>（ものさし） линейка

<ruby>切<rt>き</rt></ruby>る пилить	（くぎを）<ruby>打<rt>う</rt></ruby>つ забивать (гвоздь)	<ruby>挟<rt>はさ</rt></ruby>む／<ruby>曲<rt>ま</rt></ruby>げる／<ruby>切<rt>き</rt></ruby>る зажимать/сгибать/откусывать	（ねじを）<ruby>締<rt>し</rt></ruby>める／<ruby>緩<rt>ゆる</rt></ruby>める закручивать, завинчивать/ откручивать, отвинчивать (болт, шуруп)
のこぎり одноручная пила	<ruby>金<rt>かな</rt></ruby>づち молоток	ペンチ плоскогубцы, пассатижи	ドライバー отвёртка

IV. Грамматика

1.

ГЛАГсловарная форма СУЩの	ために、～	(для того), чтобы ГЛАГ для СУЩ

Эта речевая конструкция используется для выражения цели.

① 自分の 店を 持つ ために、貯金して います。 — Коплю деньги для того, чтобы открыть собственный магазин.

② 引っ越しの ために、車を 借ります。 — Для переезда возьму машину на прокат.

③ 健康の ために、毎朝 走って います。 — Чтобы быть здоровым, каждое утро бегаю.

④ 家族の ために、うちを 建てます。 — Для своей семьи построю дом.

Конструкция с 「СУЩの ために」 также может иметь смысл «ради *чьей-л.* выгоды, *в чьих-л.* интересах», как в примере ④.

<u>Примечание 1</u>: Представленная в Уроке 36 речевая конструкция с 「～ように」 также используется для выражения цели. Однако, как было указано в Уроке 36, IV. Грамматика, § 1, перед 「～ように」 употребляются неволеизъявительные глаголы, тогда как перед 「～ために」 — волеизъявительные глаголы. Сравните следующие два предложения:

① 自分の 店を 持つ ために、貯金して います。 — Коплю деньги для того, чтобы открыть собственный магазин.

⑤ 自分の 店が 持てるように、貯金して います。 — Коплю деньги, чтобы можно было бы открыть собственный магазин.

Пример ① указывает, что некто, приняв решение «открыть магазин», уже выяснил все юридические и др. подробности, и теперь для достижения цели необходим только стартовый капитал, поэтому он «копит деньги». А пример ⑤ указывает, что пока целью является не собственно действие «открыть магазин», а когда (если) появится необходимый капитал, то можно будет думать и о подробностях, т.е. целью (смыслом) накоплений является достижение состояния, при котором «можно было бы открыть магазин», и для приближения к этому состоянию он «копит деньги».

<u>Примечание 2</u>: Как видно из следующих двух примеров, глагол 「なります」 может иметь смысл «волеизъявление» (⑥), а может и не иметь этого смысла (⑦).

⑥ <u>弁護士に なる</u> ために、法律を 勉強して います。 — Для того, чтобы <u>стать (работать) адвокатом</u>, изучаю право.

⑦ <u>日本語が 上手に なるように</u>、毎日 勉強して います。 — Для того, чтобы <u>владеть японским языком</u>, занимаюсь каждый день.

2.

ГЛАГсловарная формаの СУЩ	に ～

Как было представлено в Уроке 38, при присоединении частицы 「の」 к словарной форме глагола происходит субстантивация этого глагола, и субстантивированный оборот выполняет в предложении функцию имени существительного. Поэтому, если после 「ГЛАГсловарная форма のに」 или 「СУЩ に」 следуют 「つかう」, 「いい」, 「べんりだ」, 「やくにたつ」, 「[じかんが] かかる」 и т. п. глаголы или прилагательные, то полученная речевая конструкция выражает цель, назначение или способ применения *чего-л.*

⑧ この はさみは 花を 切るのに 使います。 — Эти ножницы используются для того, чтобы срезать цветы.

⑨ この かばんは 大きくて、旅行に 便利です。 — Этот портфель большой, поэтому удобен для поездок.

⑩ 電話番号を 調べるのに 時間が かかりました。　Чтобы выяснить номер телефона, потребовалось время.

Примечание: В японском языке существует несколько способов выражения цели.

До сих пор были представлены следующие:

[1] **ГЛАГ ます-форма** } に 行きます／来ます／帰ります　　　(Урок 13)
　　СУЩ

⑪ 神戸へ 船を 見に 行きます。　Поеду в Кобе, чтобы посмотреть корабли.

⑫ 日本へ 経済の 勉強に 来ました。　Приехал в Японию изучать экономику.

[2] **ГЛАГсловарная форма** } (неволеизъявительное выражение) ように、～ (волеизъявительное выражение)
　　ГЛАГ ない-форма ない
　　　　　　　　　　　　　　　　　　　　　　　　　　　　　　　　　　　　(Урок 36)

⑬ 早く 届くように、速達で 出します。　Чтобы доставили быстро, пошлю экспресс-почтой.

⑭ 忘れないように、メモします。　Чтобы не забыть, запишу.

[3] **ГЛАГсловарная форма**
　　(волеизъявительное выражение) } ために、～ **(волеизъявительное выражение)**
　　СУЩの　　　　　　　　　　　　　　　　　　　　　　　　　　　(Урок 42)

⑮ 大学に 入る ために、一生懸命 勉強します。　Чтобы поступить в университет, усердно занимаюсь.

⑯ 健康の ために、野菜を たくさん 食べます。　Чтобы быть здоровым, ем много овощей.

[4] **ГЛАГсловарная форма の** } に { 使います／役に 立ちます／［時間が］かかります
　　СУЩ　　　　　　　　　　　　いいです／便利です／必要です
　　　　　　　　　　　　　　　　　　　　　　　　　　　　　　　　　(Урок 42)

⑰ ファイルは 書類を 整理するのに 使います。　Папка используется для того, чтобы бумаги хранить в порядке.

⑱ 近くに 店が なくて、買い物に 不便です。　Поблизости нет магазинов, т.ч. с покупками неудобно.

3. | **Выражение количества**は |

Частица 「は」 после выражения количества указывает, что названное количество, по мнению говорящего, является минимально требуемым или необходимым.

⑲ 日本では 結婚式を するのに 200万円は 要ります。　В Японии, чтобы сыграть свадьбу, необходимо (как минимум) 2 миллиона иен.

4. | **Выражение количества**も |

Частица 「も」 после выражения количества указывает, что названное количество, по мнению говорящего, является значительным и поэтому вызывает удивление.

⑳ 駅まで 行くのに 2時間も かかりました。　(Для того,) чтобы добраться до станции, потребовалось целых два часа.

㉑ うちを 建てるのに 3,000万円も 必要なんですか。　Неужели, чтобы построить дом, нужно 30 миллионов иен?

Урок 43

I. Новые слова

ふえます Ⅱ	増えます	увеличиваться, расти
[ゆしゅつが〜]	[輸出が〜]	[экспорт ~]
へります Ⅰ	減ります	уменьшаться, сокращаться
[ゆしゅつが〜]	[輸出が〜]	[экспорт ~]
あがります Ⅰ	上がります	повышаться, подниматься
[ねだんが〜]	[値段が〜]	[цена ~]
さがります Ⅰ	下がります	падать, понижаться
[ねだんが〜]	[値段が〜]	[цена ~]
きれます Ⅱ	切れます	рваться, обрываться
[ひもが〜]		[верёвка ~]
とれます Ⅱ		отламываться, отрываться
[ボタンが〜]		[пуговица ~]
おちます Ⅱ	落ちます	падать, сваливаться, обрушиваться
[にもつが〜]	[荷物が〜]	[багаж, вещи ~]
なくなります Ⅰ		кончаться, пропадать, исчезать, теряться, умирать
[ガソリンが〜]		[бензин ~]
じょうぶ[な]	丈夫[な]	здоровый, крепкий; прочный
へん[な]	変[な]	странный
しあわせ[な]	幸せ[な]	счастливый, удачливый
うまい		вкусный; умелый, ловкий
まずい		невкусный; неприятный (на вкус)
つまらない		неинтересный, скучный
ガソリン		бензин, горючее
ひ	火	огонь
だんぼう	暖房	отопление, виды отопления
れいぼう	冷房	охлаждение, кондиционирование
センス		понимание, вкус, чувство ([ふくの] 〜が あります иметь вкус [в одежде])

| いまにも | 今にも | вот-вот, в любой момент, прямо сейчас (употребляется при необходимости описать ситуацию, непосредственно перед тем, как она изменится) |
| わあ | | Ой! (возглас удивления, восхищения и т.п.) |

◀会話▶

会員	член (организации, клуба, общества и т.п.)
適当 [な]	подходящий, соответствующий
年齢	возраст
収入	доход
ぴったり	как раз
そのうえ	к тому же, в дополнение к этому
～と いいます	(кого-то) зовут –

43

.... 読み物 Внеклассное чтение ....

| ばら | роза (цветок) |
| ドライブ | поездка на автомобиле |

II. Перевод

Речевые модели

1. Похоже, что вот-вот пойдёт дождь.
2. Ну, пойду куплю билет.

Примеры

1. У вас пуговица на пиджаке скоро оторвётся.
   – Ой, и правда...Спасибо вам большое.
2. Потеплело, не правда ли?
   – Да, похоже, уже скоро расцветёт сакура.
3. Немецкий яблочный пирог. Пожалуйста!
   – Ого! На вид очень вкусно. С удовольствием!
4. Похоже, новый начальник отдела умный и серьёзный человек.
   – Да. Вот только одевается он безвкусно.
5. Материалов-то не хватает, не так ли?
   – Простите, сходите, пожалуйста, и сделайте копии.
6. Ну, выйду ненадолго.
   – Во сколько вернёшься?
   Собираюсь вернуться до четырёх часов.

Диалог

Похоже, он добрый

Шмит:	Это что за фотография?
Ватанабэ:	Фотография для знакомства.
	Я получила её в брачном агентстве.
Шмит:	Что, есть такие агенства?
Ватанабэ:	Да. Если стать членом, то ваши данные и пожелания
	заносятся в компьютер.
	Затем компьютер подбирает для вас соответствующую кандидатуру.
Шмит:	Хм, звучит любопытно.
Ватанабэ:	Этот человек как вам кажется?
Шмит:	Интересный мужчина, похоже, добрый – хороший человек, не так ли?
Ватанабэ:	Да. И возраст, и доход, и увлечения точно совпадают с моими пожеланиями.
	К тому же и фамилии одинаковые.
	Его зовут Ватанабэ.
Шмит:	О! Компьютер – потрясающая вещь.

III. Справочная информация

性格・性質 ХАРАКТЕР И КАЧЕСТВА
せいかく　せいしつ

明るい（あか）
светлый, радостный

暗い（くら）
мрачный

優しい（やさ）
добрый

おとなしい
спокойный, тихий, послушный

冷たい（つめ）
холодный

厳しい（きび）
строгий, суровый, требовательный

気が長い（き・なが）
терпеливый, настойчивый

気が短い（き・みじか）
нетерпеливый, вспыльчивый

気が強い（き・つよ）
храбрый, сильный духом

気が弱い（き・よわ）
малодушный трусливый

活発［な］（かっぱつ）
активный, подвижный

誠実［な］（せいじつ）
искренний, преданный

わがまま［な］
своенравный, капризный

まじめ［な］
серьёзный, добросовестный

ふまじめ［な］
несерьёзный, легкомысленный

頑固［な］（がんこ）
упрямый, несговорчивый

素直［な］（すなお）
простодушный, открытый

意地悪［な］（いじわる）
злобный, зловредный, раздражительный

勝ち気［な］（か・き）
несгибаемый, стойкий, упорный

神経質［な］（しんけいしつ）
нервный, нервозный

43

109

IV. Грамматика

1.

$$\left.\begin{array}{l} \text{ГЛАГ } ます\text{-форма} \\ い\text{-ПРИЛ } (\sim い) \\ な\text{-ПРИЛ } [\overline{な}] \end{array}\right\} そうです$$

«похоже, что....», «кажется, что...», «на вид...»

Эта речевая конструкция, главным образом, выражает предположения, возникшие на основании визуальной информации:

1) | ГЛАГ ます-форма そうです |

наблюдаемая в настоящий момент ситуация позволяет предположить некое явление. Наречия 「いまにも」, 「もうすぐ」, 「これから」 и т.п. предположительно указывают, когда произойдёт это явление.

① 今にも 雨が 降りそうです。   Похоже, что вот-вот пойдёт дождь.

② シャンプーが なくなりそうです。   Кажется, шампунь кончается.

③ もうすぐ 桜が 咲きそうです。   Похоже, уже скоро расцветёт сакура.

④ これから 寒く なりそうです。   Кажется, похолодает.

2)

$$\left.\begin{array}{l} い\text{-ПРИЛ } (\sim い) \\ な\text{-ПРИЛ } [\overline{な}] \end{array}\right\} そうです$$

на основании внешнего впечатления, хотя никак не проверенного и ничем не подтверждённого, предмет обладает названным качеством или признаком.

⑤ この 料理は 辛そうです。   Это блюдо выглядит острым.

⑥ 彼女は 頭が よさそうです。   На вид она умная.

⑦ この 机は 丈夫そうです。   Этот стол, похоже, добротный.

<u>Примечание</u>: При описании состояния другого человека прилагательные, выражающие эмоции (うれしい, かなしい, さびしい и т.п.), употребляются не непосредственно, а оформляются 「〜そうです」. Такая форма позволяет на основании видимого, внешнего предположить внутреннее состояние.

⑧ ミラーさんは うれしそうです。   Кажется, господин Миллер обрадован.

2. | ГЛАГ て-форма 来ます |

1) Речевая конструкция 「ГЛАГ て-форма きます」 значит «пойти *куда-л.*, чтобы совершить *какое-л.* действие и вернуться»

⑨ ちょっと たばこを 買って 来ます。   Ну, пойду куплю сигареты.

В примере ⑨ указано, что будут совершены следующие три действия: (1) пойду туда, где продают сигареты, (2) куплю там сигареты и (3) вернусь в первоначальное место.

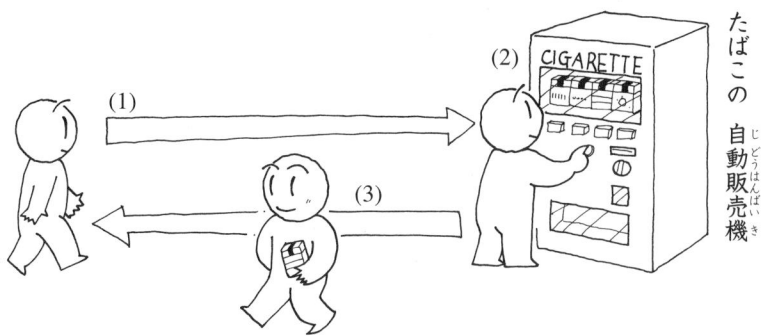

Существительное, обозначающее место совершения основного действия, оформляется частицей 「で」, однако если действие заключается в перемещении предмета и необходимо специально указать, *откуда* этот предмет будет перемещён, то возможно и 「СУЩ (место) から」, как в примере ⑪.

⑩ スーパーで 牛乳を 買って 来ます。   Схожу в супермаркет куплю молоко.

⑪ 台所から コップを 取って 来ます。   Пойду принесу стакан из кухни.

2) СУЩ (место) へ 行って 来ます

Если перед 「きます」 стоит て-форма глагола 「いきます」, то это значит «пойти в некое место и вернуться». Эта речевая конструкция используется в том случае, когда нет необходимости указывать, какое действие будет произведено в том месте, куда направлено движение.

⑫ 郵便局へ 行って 来ます。   Пойду схожу на почту.

3) 出かけて 来ます

Если перед 「きます」 стоит て-форма глагола 「でかけます」, то это значит «пойти куда-то и вернуться». Эта речевая конструкция используется в том случае, когда нет необходимости указывать, ни куда направлено движение, ни какое действие будет там совершено.

⑬ ちょっと 出かけて 来ます。   Ненадолго выйду.

Урок 44

I. Новые слова

なきます I	泣きます	плакать
わらいます I	笑います	смеяться
かわきます I	乾きます	сохнуть, высыхать
ぬれます II		намокать, промокать
すべります I	滑ります	скользить; быть скользским/гладким; поскользнуться
おきます II [じこが～]	起きます [事故が～]	возникать, происходить, случаться [～ авария]
ちょうせつします III	調節します	регулировать, настраивать, налаживать
あんぜん[な]	安全[な]	безопасный, надёжный
ていねい[な]	丁寧[な]	вежливый, учтивый
こまかい	細かい	мелкий, детальный, дробный
こい	濃い	густой, крепкий (о вкусе), тёмный (о цвете)
うすい	薄い	слабый, жидкий (о вкусе); бледный, светлый (о цвете)
くうき	空気	воздух
なみだ	涙	слёзы
わしょく	和食	японская кухня, японские блюда
ようしょく	洋食	западная кухня, европейские блюда
おかず		блюда к рису / помимо риса
りょう	量	количество, размер, объём
―ばい	―倍	счётный суффикс в выражениях типа: вдвое / в три раза... / в десять раз и т.д. больше (меньше)
はんぶん	半分	половина, пол-
シングル		одноместный номер
ツイン		двухместный номер
たんす		шкаф с выдвижными ящиками, комод
せんたくもの	洗濯物	вещи в стирку, выстиранное бельё
りゆう	理由	причина, основание, повод

◀会話▶
どう なさいますか。

Что Вам угодно? Что бы Вы хотели? (вежливая форма вопроса о пожеланиях или намерениях собеседника, клиента)

カット

стрижка

シャンプー

шампунь; мытьё головы

どういうふうに なさいますか。

Как вам будет угодно? Как бы Вы хотели? (вежливая форма вопроса о пожеланиях или намерениях собеседника, клиента)

ショート

короткая стрижка

～みたいに して ください。

Сделайте так, как ~.

これで よろしいでしょうか。

Так будет нормально?

［どうも］お疲れさまでした。

Спасибо за ваше терпение. (реплика благодарности в адрес клиента по окончании оказания услуги)

.... 読み物　Внеклассное чтение ....

嫌がります Ⅰ

показать, продемонстрировать неприязнь, отвращение (не употребляется в речи о себе)

また

а также, кроме того, и наоборот

順序

порядок, последовательность

表現

выражение

例えば

например

別れます Ⅱ

расставаться, разводиться

これら

эти (слова, вещи и т.п.) – указательное местоимение множественного числа

縁起が 悪い

несчастливый, приносящий несчастье

II. Перевод

Речевые модели

1. Вчера вечером выпил слишком много.
2. Этот компьютер прост в обращении.
3. Брюки сделайте, пожалуйста, покороче.
4. Сегодня вечером потанцуем!

Примеры

1. Вы плачете?
   – Нет-нет, слишком сильно смеялась, даже выступили слёзы.
2. Современные автомобили просты в управлении, не правда ли?
   – Пожалуй. Однако слишком просты, так что вождение становится неинтересным.
3. Где комфортнее жить, в городе или в деревне?
   – Думаю, что в деревне жизнь комфортнее.
   Поскольку и цены низкие, и воздух чистый.
4. Эта чашка прочная, её трудно разбить.
   – Хорошо, что безопасна при использовании детьми.
5. Уже поздний вечер, поэтому вы не могли бы потише?
   – Конечно. Извините, пожалуйста.
6. Сегодня на ужин что приготовить к рису?
   – Вчера мы ели мясо, поэтому сегодня, может быть, что-нибудь рыбное.
7. Давайте экономно использовать электричество и воду.
   – Да, понятно.
8. Овощи мелко порезать и смешать с яйцом.
   – Понятно... Вот так?

Диалог

Сделайте, как на этой фотографии, пожалуйста

Парикмахер: Добро пожаловать. Что бы Вы хотели сегодня?
И: Стрижку, пожалуйста.
Парикмахер: Сначала помоем голову, так что прошу сюда.

Парикмахер: Какую стрижку Вы бы хотели?
И: Хотелось бы покороче...
Сделайте так, как на этой фотографии, пожалуйста.
Парикмахер: М м, симпатично, не правда ли?

Парикмахер: Длина чёлки вот так хорошо, наверное?
И: Пожалуй. Или ещё чуть покороче, пожалуйста.

Парикмахер: Спасибо за ваше терпение. Вам нравится?
И: Замечательно. Большое спасибо.

III. Справочная информация

美容院・理髪店 ДАМСКИЙ САЛОН И ПАРИКМАХЕРСКАЯ
びよういん　り はつてん

カット	стрижка	トリートメント	уход, питание; средство для ухода
パーマ	завивка	ブロー	сушка
セット	набор, комплект, комплекс	ヘアダイ	окраска волос
シャンプー	шампунь, мытьё головы	そる［ひげ／顔を〜］	брить ［〜 бороду/лицо］
リンス	ополаскиватель	分ける［髪を〜］	делать пробор ［〜 в волосах］

耳が見えるくらいに
肩にかかるくらいに
まゆが隠れるくらいに
1センチくらい
この写真みたいに
｝ 切ってください。
Пожалуйста, постригите
｛ так, чтобы уши были открыты.
так, чтобы волосы были до плеч.
так, чтобы брови были закрыты.
примерно на один сантиметр.
, как на этой фотографии.

44

いろいろなヘアスタイル　Различные причёски

ボブ　короткая стрижка «боб»	レイヤーカット　лесенка	ソバージュ　завивка «Волны»
おかっぱ　каре	三つ編み　косы	ポニーテール　хвост
丸刈り　ёжик	長髪　длинные волосы	リーゼント　кок, чуб

IV. Грамматика

1.

ГЛАГ ます-форма	
い-ПРИЛ (〜い)	} すぎます
な-ПРИЛ [な]	

Речевая конструкция с 「〜すぎます」 указывает, что степень действия или состояния превышает разумно-допустимый предел. Поэтому обычно эти выражения употребляются в отношении нежелательных действий или состояний.

① ゆうべ お酒を 飲みすぎました。 Вчера вечером выпил слишком много.

② この セーターは 大きすぎます。 Этот свитер велик.

「〜すぎます」 относится к глаголам 2-й группы и спрягается так же.

напр.: のみすぎる, のみすぎ (ない), のみすぎた

③ 最近の 車は 操作が 簡単すぎて、 Современные автомобили слишком
運転が おもしろくないです。 просты в управлении, и вождение их неинтересно.

④ いくら 好きでも、飲みすぎると、 Как бы ни любили, пить слишком
体に 悪いですよ。 много – вредно для здоровья.

2.

ГЛАГ ます-форма	やすいです
	にくいです

Речевые конструкции, оканчивающиеся на 「〜やすいです」 или 「〜にくいです」, выражают:

1) обращение с каким-либо предметом, а также совершение какого-либо действия, обусловленного этим предметом, является простым или представляет трудность.

⑤ この パソコンは 使いやすいです。 Этот компьютер прост в обращении.

⑥ 東京は 住みにくいです。 В Токио трудно жить.

2) субъект (вещь или человек) легко / трудно меняет имеющиеся качества, или же существующая ситуация может измениться легко / с трудом.

⑦ 白い シャツは 汚れやすいです。 Белые рубашки легко пачкаются.

⑧ 雨の 日は 洗濯物が 乾きにくいです。 В дождливый день выстиранное бельё плохо сохнет.

<u>Примечание:</u> 「〜やすい」 и 「〜にくい」 изменяются так же, как い-ПРИЛ.

⑨ この 薬は 砂糖を 入れると、 飲みやすく なりますよ。 Если в это лекарство добавить сахар, то будет легче выпить.

⑩ この コップは 割れにくくて、安全ですよ。 Этот стакан труднобьющийся, поэтому безопасен.

3.

い-ПРИЛ (〜い)→〜く	
な-ПРИЛ [な]→に	} します
СУЩ に	

Если представленная в Уроке 19 (IV. Грам., § 4) речевая конструкция 「〜く／〜に なります」 выражает, что состояние некоего субъекта «изменяется», то речевая конструкция 「〜く／〜に します」 указывает, что кто-то (деятель может быть не назван) «изменяет» состояние некоего объекта (примеры 11~13).

⑪ 音を 大きく します。 Сделаю звук погромче.

⑫ 部屋を きれいに します。 Приберу в комнате.

⑬ 塩の 量を 半分に しました。 Количество соли сократил наполовину.

4. | **СУЩ** に します |

Эта речевая конструкция выражает выбор и/или решение.

⑭ 部屋は シングルに しますか、ツインに しますか。   Какой номер, одноместный или двухместный?

⑮ 会議は あしたに します。   Совещание назначим на завтра.

5. | **い-ПРИЛ** (〜い) → 〜く   **ГЛАГ**
な-ПРИЛ [な] → に |

Как показано в схеме, если い-ПРИЛ принимают форму на 「〜く」, а な-ПРИЛ принимают форму на 「〜に」, то они выполняют в предложении функцию наречий, т.е. определяют признак действия.

⑯ 野菜を 細かく 切って ください。   Овощи мелко порежьте, пожалуйста.

⑰ 電気や 水は 大切に 使いましょう。   Давайте экономно использовать электричество и воду.

Урок 45

I. Новые слова

あやまります I	謝ります	извиняться, просить прощение
あいます I		встретить, перенести, испытать *что-л.*, попасть
［じこに～］	［事故に～］	［~ в аварию］
しんじます II	信じます	верить
よういします III	用意します	готовиться, делать приготовления
キャンセルします III		отменять, отказываться
うまく いきます I		хорошо получаться, проходить успешно
ほしょうしょ	保証書	гарантийное свидетельство, гарантийный талон
りょうしゅうしょ	領収書	чек, квитанция
おくりもの	贈り物	подарок, сувенир (～を します дарить подарок)
まちがいでんわ	まちがい電話	ошибочный звонок «не туда попали»
キャンプ		лагерь
かかり	係	ответственное лицо, контактное лицо
ちゅうし	中止	приостановка, прекращение, отмена
てん	点	балл, очко
レバー		рычаг
［－えん］さつ	［－円］札	банкнота, купюра в ~ иен
ちゃんと		прилежно, старательно, упорно, как следует, аккуратно
きゅうに	急に	вдруг, внезапно
たのしみに して います	楽しみに して います	предвкушать удовольствие, приятное времяпрепровождение и т.п.
いじょうです。	以上です。	На этом содержание исчерпано. (выражение, которым завершают содержательную часть официального письма или сообщения)

◀会話▶

係員（かかりいん）　　　　　　　　　　　　ответственный, организатор
コース　　　　　　　　　　　　　　　　　маршрут, курс
スタート　　　　　　　　　　　　　　　　начало, старт
一位（い）　　　　　　　　　　　　　　　-е место
優勝（ゆうしょう）します　Ⅲ　　　　　　победить, выиграть

.... 読み物（よみもの）　Внеклассное чтение ....

悩（なや）み　　　　　　　　　　　　　　мучение, страдание
目覚（めざ）まし［時計（どけい）］　　　будильник
眠（ねむ）ります　Ⅰ　　　　　　　　　　спать, засыпать
目（め）が 覚（さ）めます　Ⅱ　　　　　　просыпаться
大学生（だいがくせい）　　　　　　　　　студент университета
回答（かいとう）　　　　　　　　　　　　ответ
鳴（な）ります　Ⅰ　　　　　　　　　　　звонить
セットします　Ⅲ　　　　　　　　　　　ставить (будильник)
それでも　　　　　　　　　　　　　　　даже если это (далее следует противоположное
　　　　　　　　　　　　　　　　　　　　по смыслу продолжение)

....

II. Перевод

Речевые модели

1. В случае утери кредитной карты, просьба немедленно сообщить в компанию-эмитент.
2. Хотя и обещала, но она не пришла.

Примеры

1. Если набрал неправильный номер, то что следует сказать, чтобы извиниться?
   – Можно сказать: «Извините, я ошибся номером».
2. Это гарантия на компьютер.
   В случае неполадок, позвоните, пожалуйста, по этому номеру.
   – Понятно.
3. Извините, в этой библиотеке можно получить квитанцию об оплате за ксерокопии?
   – Да. В случае необходимости скажите служащему.
4. При пожаре или землетрясении ни в коем случае не пользуйтесь лифтом, пожалуйста.
   – Понятно.
5. Выступление прошло успешно?
   – Нет. Хотя усердно репетировал и выучил текст, но во время выступления забыл.
6. Несмотря на дождь, гольф?
   – Да. Очень люблю, хотя и игрок никудышный.

Диалог

Я так упорно тренировался, но ...

Организатор:	Господа, этот марафон – марафон здоровья, поэтому не переусердствуйте, пожалуйста. Если почувствуете себя плохо, обратитесь к организаторам.
Участники:	Понятно.
Организатор:	Если собьётесь с маршрута, то вернитесь к последнему пройденному пункту и от него продолжайте бег.
Участник:	Скажите, а если в процессе я решу прекратить забег, то как быть?
Организатор:	В этом случае первому же встреченному из организаторов сообщите своё имя и можете идти отдыхать. Итак, на старт!

Судзуки:	Как марафон, г-н Миллер?
Миллер:	Второе место.
Судзуки:	Второе место?! Замечательно!
Миллер:	Да нет. Я так упорно тренировался, но, к сожалению, победить не смог.
Судзуки:	В следующем году будет опять.

III. Справочная информация

非常の場合　ЧРЕЗВЫЧАЙНЫЕ СИТУАЦИИ

〔1〕地震の場合　Правила поведения при землетрясении

　1）備えが大切　Необходимая подготовка

　　① 家具が倒れないようにしておく
　　　Закрепить мебель, чтобы не упала.

　　② 消火器を備える・水を貯えておく
　　　Приготовить огнетушитель и запас воды.

　　③ 非常用持ち出し袋を用意しておく
　　　Приготовить эвакуационный мешок с предметами
　　　первой необходимости.

　　④ 地域の避難場所を確認しておく
　　　Проверить, где в вашем районе находится убежище.

　　⑤ 家族、知人、友人と、もしもの場合の連絡先を決めておく
　　　Заранее решить с родственниками, друзьями и
　　　знакомыми, как связаться в экстренных случаях.

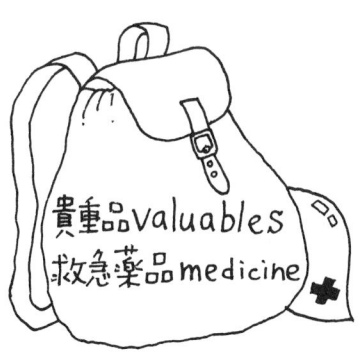

　2）万一地震が起きた場合　В случае землетрясения

　　① すばやく火の始末
　　　Немедленно погасить открытый огонь / выключить газ.

　　② 戸を開けて出口の確保
　　　Открыть двери и обеспечить выход из помещений.

　　③ 慌てて外に飛び出さない
　　　Не выбегать в панике на улицу.

　　④ テーブルの下にもぐる
　　　Залезть под стол.

　3）地震が収まったら　Когда землетрясение прекратилось
　　　正しい情報を聞く（山崩れ、崖崩れ、津波に注意）
　　　Получить точную информацию (помнить об опасности
　　　горных обвалов, оползней и цунами).

　4）避難する場合は　В случае эвакуации
　　　車を使わず、必ず歩いて
　　　Не пользоваться машиной, обязательно передвигаться
　　　пешком.

〔2〕台風の場合　Правила поведения при тайфуне

　　① 気象情報を聞く　Слушать прогноз погоды.

　　② 家の周りの点検　Осмотреть территорию вокруг
　　　　　　　　　　　дома.

　　③ ラジオの電池の備えを　Приготовить батареи
　　　　　　　　　　　　　автономного питания для
　　　　　　　　　　　　　радиоприёмника.

　　④ 水、緊急食品の準備　Приготовить запас воды и
　　　　　　　　　　　　продуктов.

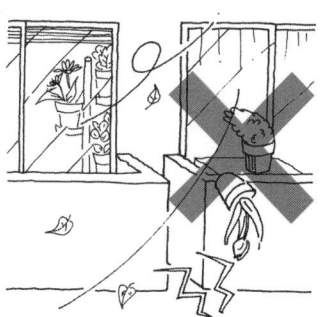

IV. Грамматика

1.

ГЛАГ словарная форма	
ГЛАГ た-форма	
ГЛАГ ない-форма ない	
い-ПРИЛ （〜い）	場合は、〜
な-ПРИЛ な	
СУЩ の	

В этой речевой конструкции первая часть предложения перед 「〜ばあいは」 описывает некую предполагаемую ситуацию, а вторая часть предложения, следующая за 「〜ばあいは」, – рекомендации к действиям в этой ситуации, а также её возможные последствия. Поскольку 「ばあい (случай)」 является существительным, то предшествующие ему глаголы, прилагательные или существительные являются определениями к 「ばあい」 и присоединяются также, как определения к существительному.

① 会議に 間に 合わない 場合は、連絡して ください。 Если не будете успевать на совещание, то сообщите, пожалуйста.

② 時間に 遅れた 場合は、会場に 入れません。 Если вы опоздаете, то не сможете войти в зал.

③ ファクスの 調子が 悪い 場合は、どう したら いいですか。 Если факс будет неисправен, то что делать?

④ 領収書が 必要な 場合は、係に 言って ください。 Если нужен чек, то скажите, пожалуйста, служащему.

⑤ 火事や 地震の 場合は、エレベーターを 使わないで ください。 В случае пожара или землетрясения не пользуйтесь лифтом.

2.

ГЛАГ	нейтральная форма	
い-ПРИЛ	нейтральная форма	
な-ПРИЛ	нейтральная форма	のに、〜
СУЩ	〜だ→〜な	

Как показано выше, 「のに」 присоединяется к ГЛАГ, い-ПРИЛ, な-ПРИЛ и СУЩ. Конструкция с 「のに」 используется в тех случаях, когда во второй части предложения сообщается о результате, который совершенно противоположен естественно-ожидаемому на основании сказанного в первой части предложения, т.е. выражает противительную связь между частями предложения.

⑥ 約束を したのに、彼女は 来ませんでした。 Хотя и обещала, но она не пришла.

⑦ きょうは 日曜日なのに、働かなければ なりません。 Хотя сегодня и воскресенье, но придётся работать.

В примере ⑥ говорящий ожидает, что женщина обещала и, согласно обещанию, придёт. Соответственно, наступает разочарование, обида в связи с несбывшимся ожиданием (не пришла). В примере ⑦ говорящий думал отдохнуть, поскольку воскресенье, и возникает недовольство из-за необходимости работать. Таким образом, вторая часть предложения передаёт чувства недовольства или разочарования по поводу неожиданного поворота событий.

45

<u>Примечание:</u> Отличие 「〜のに」 и 「〜が」 ／ 「〜ても」 :

⑧ わたしの 部屋は 狭いですが、きれいです。　　　　　　　　（×狭いのに）

Моя комната маленькая, но прибранная.

⑨ あした 雨が 降っても、出かけます。　　　　　　　　　　　（×雨が 降るのに）

Даже если завтра будет дождь, я пойду.

В примерах ⑧ и ⑨ 「〜が」 и 「〜ても」 нельзя заменить на 「〜のに」.

В примере ⑧ только приводятся две различные характеристики, однако вторая часть предложения не содержит результата, противоположного предполагаемому в первой части. В примере ⑨ в первой части предложения нечто только предполагается, однако конструкция с 「〜のに」 используется только при описании уже происшедших событий.

⑩ 約束を したのに、どうして 来なかったんですか。　　　　（×約束を しましたが）

Вы ведь обещали, почему же не пришли?

И наоборот, в примере ⑩ 「〜のに」 нельзя заменить на 「〜が」 или 「〜ても」, поскольку вторая часть предложения содержит резкое осуждение.

45

Урок 46

I. Новые слова

やきます Ⅰ	焼きます	жарить, печь
わたします Ⅰ	渡します	передавать
かえって きます Ⅲ	帰って 来ます	возвращаться, приходить обратно
でます Ⅱ	出ます	отходить, отправляться
［バスが～］		［автобус ~］
るす	留守	отсутствие
たくはいびん	宅配便	служба доставки
げんいん	原因	причина
ちゅうしゃ	注射	укол, инъекция
しょくよく	食欲	аппетит
パンフレット		брошюра, буклет
ステレオ		магнитофон, радиола
こちら		здесь
～の ところ	～の 所	место - ; там, где -
ちょうど		как раз, точно
たったいま	たった今	только что (сочетается с формой прошедшего времени и указывает на завершённость действия)
いま いいでしょうか。	今 いいでしょうか。	Вы сейчас можете ... (говорить, выслушать и т.д.)?

◁会話▷

ガスサービスセンター	«...горгаз», Центр обслуживания
ガスレンジ	газовая плита
具合<ruby>具合<rt>ぐあい</rt></ruby>	состояние
どちら様でしょうか。	Вашу фамилию, пожалуйста.
向かいます　I	направляться
お待たせしました。	(Извините, что) заставил вас ждать.

.... 読み物　Внеклассное чтение ....

知識	знание
宝庫	сокровищница
手に 入ります［情報が～］ I	быть полученным [информация ~]
システム	система
例えば	например
キーワード	ключевое слово
一部分	часть
入力します III	вводить
秒	секунда
出ます［本が～］ II	выходить, быть опубликованным [книга ~]

46

II. Перевод

Речевые модели

1. Совещание сейчас начинается.
2. Он только что, в марте, окончил университет.
3. Документы отправил экспресс-почтой, так что завтра они должны прийти.

Примеры

1. Алло, это Танака. Вы сейчас можете говорить?
   – Извините, я как раз сейчас выхожу.
   Когда вернусь, я вам позвоню.
2. Вы поняли, в чём причина неисправности?
   – Нет, как раз сейчас выясняю.
3. Ватанабэ сан на месте?
   – Она только что ушла.
   Может, она ещё около лифта.
4. Как вам работа?
   – Я работаю в фирме только с прошлого месяца, поэтому пока непонятно.
5. Эту камеру только на прошлой неделе купил, и уже не работает.
   – Так, покажите, пожалуйста.
6. У Терезы температура понизится?
   – Только что ей сделали укол, так что через три часа должна понизиться.

Диалог

Вот-вот должен приехать

Служащий:	Слушаю, «...горгаз», Центр обслуживания.
Тавапон:	Алло. У меня плохо работает газовая плита...
Служащий:	Что конкретно?
Тавапон:	Хотя только на прошлой неделе её починили, но опять гаснет пламя. Это опасно, поэтому не могли бы вы побыстрее приехать и посмотреть.
Служащий:	Понятно. Думаю, около 5-ти подъеду. Пожалуйста, Ваш адрес и имя.

Тавапон:	Алло, в 5 должны были приехать посмотреть газовую плиту, но пока никого нет.
Служащий:	Извините, Ваша фамилия?
Тавапон:	Меня зовут Тавапон.
Служащий:	Подождите минуту. Я свяжусь с мастером.

Служащий:	Извините, что заставил вас ждать. Он сейчас как раз едет к вам. Ещё минут 10 подождите, пожалуйста.

III. Справочная информация

かたかな語のルーツ　ПРОИСХОЖДЕНИЕ СЛОВ, ЗАПИСЫВАЕМЫХ КАТАКАНОЙ

В японском языке существует большая группа слов, заимствованных из иностранных языков. Эти слова записываются катаканой. Большинство иностранных слов заимствовано из английского языка, но встречаются также слова, заимствованные из французского, голландского, немецкого, португальского и др. языков. И кроме того, катаканой записываются некоторые слова, возникшие уже в Японии.

46

127

	食べ物・飲み物 еда и напитки	衣服 одежда	病気 болезни	芸術 искусство	その他 другое
英語	ジャム джем　ハム ветчина クッキー печенье チーズ сыр	エプロン фартук スカート юбка スーツ костюм	インフルエンザ грипп ストレス стресс	ドラマ драма コーラス хор メロディー мелодия	スケジュール расписание ティッシュペーパー бумажные салфетки トラブル неприятность レジャー досуг
フランス語	コロッケ картофельные биточки, жареные во фритюре オムレツ омлет ピーマン зелёный перец	ズボン брюки ランジェリー женское бельё キュロット брюки-кюлоты		バレエ балет シャンソン шансон アトリエ ателье	アンケート анкета コンクール конкурс ピエロ Пьерро, клоун
ドイツ語	フランクフルト[ソーセージ] сосиска		レントゲン рентген ノイローゼ невроз アレルギー аллергия	メルヘン фантастическая сказка с элементами мистики	アルバイト подработка エネルギー энергия ゲレンデ лыжная трасса на горном склоне テーマ тема
オランダ語	ビール пиво コーヒー кофе	ズック парусиновые туфли ホック крючок	メス скальпель ピンセット пинцет		ゴム резина　ペンキ краска ガラス стекло　コック повар
ポルトガル語	パン хлеб カステラ бисквит	ビロード бархат チョッキ жилет			カルタ японские игральные карты
イタリア語	マカロニ макароны スパゲッティ спагетти			オペラ опера バレリーナ балерина	

IV. Грамматика

1.

ГЛАГсловарная форма
ГЛАГ て-форма いる } **ところです**
ГЛАГ た-форма

Слово 「ところ」 прежде всего значит «место» и, кроме того, обозначает «кадр», момент во времени. В этом уроке будет представлено это второе значение слова 「ところ」. Оно используется, если говорящий хочет особенно подчеркнуть, каково в данный момент положение дел, связанное с совершением какого-либо действия или развитием какого-либо процесса.

1) **ГЛАГсловарная форма ところです**

Эта речевая конструкция указывает, что некое действие именно сейчас начинают или оно именно сейчас начинается. Конструкция может использоваться со словами 「これから」, 「[ちょうど] いまから」 и др., которые ещё более усиливают смысл выражения.

① 昼ごはんは もう 食べましたか。   Вы уже пообедали?

…いいえ、これから 食べる ところです。   – Нет, именно сейчас
                                                         собираюсь поесть.

② 会議は もう 始まりましたか。   Совещание уже началось?

…いいえ、今から 始まる ところです。   – Нет, сейчас начнётся.

2) **ГЛАГ て-форма いる ところです**

Эта речевая конструкция указывает, что некое действие происходит и, более того, находится «в самом разгаре». Конструкция часто используется со словом 「いま」.

③ 故障の 原因が わかりましたか。   Вы поняли, в чём причина
                                                         неисправности?

…いいえ、今 調べて いる ところです。   – Ещё нет, как раз сейчас
                                                         выясняю.

3) **ГЛАГ た-форма ところです**

Эта речевая конструкция указывает, что некое действие завершилось, причем только что. Используется вместе с наречием 「たったいま」 и т.п.

④ 渡辺さんは いますか。   Ватанабэ сан на месте?

…あ、たった今 帰った ところです。   – Только что ушла.

まだ エレベーターの 所に いるかも しれません。 Может, она ещё около лифта.

⑤ たった今 バスが 出た ところです。   Только что автобус ушёл.

Примечание: Поскольку「〜ところです」является именным (имя существительное) сказуемым, то может согласовываться с различными конструкциями в соответствии с правилами согласования именного сказуемого. См. пример ⑥.

⑥ もしもし　田中ですが、今　いいでしょうか。　　Алло, это Танака. Вы сейчас
　　　　　　　　　　　　　　　　　　　　　　　　　можете говорить?

　…すみません。今から　出かける　ところなんです。　– Извините, я как раз сейчас
　　　　　　　　　　　　　　　　　　　　　　　　　выхожу.

2. ГЛАГ た-форма ばかりです

Эта речевая конструкция указывает, что по ощущению говорящего, с момента окончания какого-либо действия или с момента завершения какого-либо события прошло совсем немного времени. Следует иметь в виду, что конструкция передаёт субъективное ощущение говорящего, вне зависимости от реально прошедшего времени. В этом конструкция「ГЛАГた-форма ばかりです」отличается от представленной выше конструкции「ГЛАГた-форма ところです」, которая указывает момент непосредственно после завершения действия.

⑦ さっき　昼ごはんを　食べた　ばかりです。　　Я только недавно пообедал.
⑧ 木村さんは　先月　この　会社に　入った　ばかりです。　Кимура сан пришла в компанию
　　　　　　　　　　　　　　　　　　　　　　　　　только в прошлом месяце.

Примечание: Поскольку「〜ばかりです」является именным (имя существительное) сказуемым, то может согласовываться с различными конструкциями в соответствии с правилами согласования именного сказуемого. См. пример ⑨.

⑨ この　ビデオは　先週　買った　ばかりなのに、　Этот видеомагнитофон только на
　　調子が　おかしいです。　　　　　　　　　　　прошлой неделе купил, а он уже
　　　　　　　　　　　　　　　　　　　　　　　　　барахлит.

129

3.

| ГЛАГсловарная форма |
| ГЛАГ ない-форма ない |
| い-ПРИЛ (〜い) |
| な-ПРИЛ な |
| СУЩ の |

はずです

Эта речевая конструкция используется в том случае, когда говорящий на основании известной ему информации делает определённое заключение и уверенно о нём сообщает.

⑩ ミラーさんは　きょう　来るでしょうか。　　Г-н Миллер сегодня, вероятно,
　　　　　　　　　　　　　　　　　　　　　　　придёт?

　…来る　はずですよ。　　　　　　　　　　　　– Должен прийти.
　　きのう　電話が　ありましたから。　　　　　Поскольку вчера он мне звонил.

В примере ⑩ «вчерашний телефонный разговор» является обоснованием, опираясь на которое, говорящий заключает, что «сегодня г-н Миллер придёт», и для выражения собственной уверенности в этом заключении использует「〜はずです」.

Урок 47

I. Новые слова

あつまります Ⅰ	集まります	собираться, накапливаться
［ひとが～］	［人が～］	［люди ~］
わかれます Ⅱ	別れます	расставаться, разлучаться
［ひとが～］	［人が～］	［люди ~］
ながいきします Ⅲ	長生きします	жить долго
します Ⅲ		
［おと／こえが～］	［音／声が～］	слышаться, раздаваться ［звук/голос ~］
［あじが～］	［味が～］	иметь вкус
［においが～］		пахнуть
さします Ⅰ		раскрывать
［かさを～］	［傘を～］	［~ зонт］
ひどい		ужасный, жестокий
こわい	怖い	страшный, страшно
てんきよほう	天気予報	прогноз погоды
はっぴょう	発表	сообщение, доклад; выступление
じっけん	実験	эксперимент, опыт
じんこう	人口	население
におい		запах
かがく	科学	наука
いがく	医学	медицина
ぶんがく	文学	литература
パトカー		патрульная машина
きゅうきゅうしゃ	救急車	машина скорой помощи
さんせい	賛成	согласие, одобрение
はんたい	反対	несогласие, протест
だんせい	男性	мужчина
じょせい	女性	женщина

どうも	как-то, что-то, где-то (показалось) – (используется при выражении предположения)
～に よると	по словам ~, по сведениям ~, согласно ~ (указывает на источник информации)
※バリ［島］	о-в Бали (о-в в Индонезии)
※イラン	Иран
※カリフォルニア	Калифорния (штат в США)
※グアム	Гуам (о-в в Тихом океане, США)

◁会話▷

恋人	возлюблённый, молодой человек; возлюблённая, девушка
婚約します Ⅲ	обручиться, быть помолвленным
相手	партнёр, собеседник, оппонент
知り合います Ⅰ	быть знакомым

.... 読み物　Внеклассное чтение ....

平均寿命	средняя продолжительность жизни
比べます［男性と～］ Ⅱ	сравнивать, сравнить [~ с мужчинами]
博士	доктор наук
脳	мозг
ホルモン	гормон
化粧品	косметика, косметические товары
調べ	исследование
化粧	косметика, макияж （～を します использовать косметику, пользоваться косметикой）

II. Перевод

Речевые модели

1. Согласно прогнозу погоды, завтра похолодает.
2. В соседней комнате, похоже, кто-то есть.

Примеры

1. Прочитала в газете, что в январе планируется Конкурс выступлений на японском языке. Г-н Миллер, Вы не попробуете принять участие?
   – М-мм..., я подумаю.
2. Говорят, Клара в детстве жила во Франции.
   – Поэтому она и французский знает.
3. Новый электронный словарь компании Пауэр-Дэнки будто бы прост в обращении, так что очень хороший.
   – Да. Я уже купил.
4. Я недавно ездил отдыхать на остров Бали в Индонезии.
   – Слышал, что очень красивое место.
   Да. Там и в самом деле было замечательно.
5. Слышны весёлые голоса, да?
   – Да. Может быть, вечеринка.
6. Как много народу собралось, не так ли?
   – Похоже на аварию. Патрульная машина и скорая помощь приехали.

Диалог

Говорят, была помолвка

Ватанабэ:	Позвольте попрощаться.
Такахаси:	Ватанабэ сан, подождите немного, я тоже ухожу...
Ватанабэ:	Извините, я тороплюсь.

Такахаси:	Ватанабэ сан в последнее время стала рано уходить. Очень похоже, что у неё появился молодой человек.
Хаяси:	А вы не знаете? Говорят, даже недавно была помолвка.
Такахаси:	Да? И кто же он, её избранник?
Хаяси:	Да Судзуки сан из IMC.
Такахаси:	Судзуки сан?
Хаяси:	В прошлом году на свадьбе у подруги Ватанабэ сан они и познакомились.
Такахаси:	Вот оно что?
Хаяси:	Кстати, а у вас как дела?
Такахаси:	У меня? У меня работа – моя любовь.

III. Справочная информация

擬音語・擬態語 ОНОМАТОПИЧЕСКАЯ ЛЕКСИКА (ЗВУКОПОДРАЖАНИЕ И Т.П.)

ザーザー （降る）
ливень (хлещет)

ピューピュー （吹く）
ветер (завывает)

ゴロゴロ （鳴る）
гром (грохочет)

ワンワン （ほえる）
гав-гав (лаять)

ニャーニャー （鳴く）
мяу-мяу (мяукать)

カーカー （鳴く）
кар-кар (каркать)

げらげら （笑う）
до упаду (хохотать)

しくしく （泣く）
навзрыд (плакать), рыдать

きょろきょろ （見る）
зыркать, рыскать глазами

ぱくぱく （食べる）
жадно (есть), чавкать

ぐうぐう （寝る）
крепко (спать), посапывать

すらすら （読む）
свободно, бегло (читать)

ざらざら （している）
быть шершавым

べたべた （している）
быть липким

つるつる （している）
быть скользким, гладким

IV. Грамматика

1. | **нейтральная форма** そうです | «Говорят, что ...»

Эта речевая конструкция используется говорящим для передачи собеседнику каким-либо образом полученной информации без добавления собственного мнения или оценки. Если при этом указывается и источник информации, то предложение начинается с оборота 「～に よると (согласно *чему-л.* или *кому-л.*)」.

① 天気予報に よると、あしたは 寒く なるそうです。 Согласно прогнозу погоды, завтра похолодает.

② クララさんは 子どもの とき、
フランスに 住んで いたそうです。 Говорят, что Клара в детстве жила во Франции.

③ バリ島は とても きれいだそうです。 Говорят, на Бали очень красиво.

<u>Примечание 1</u>: Необходимо быть внимательным, чтобы не путать эту речевую конструкцию с представленной в Уроке 43 конструкцией с 「～そうです」, которая выражает предположения, возникшие на основании визуальной информации. Эти две конструкции отличаются как по смыслу, так и по способу присоединения 「～そうです」. Сравним следующие примеры:

④ 雨が 降りそうです。 Кажется, дождь собирается. (Ур. 43)
⑤ 雨が 降るそうです。 Говорят, будет дождь.
⑥ この 料理は おいしそうです。 Это блюдо выглядит вкусным. (Ур. 43)
⑦ この 料理は おいしいそうです。 Слышала, что это блюдо вкусное.

<u>Примечание 2</u>: Отличие 「～そうです」 (передача полученной информации) и 「～と いって いました」 (Ур. 33):

⑧ ミラーさんは あした 京都へ 行くそうです。 Слышала, что г-н Миллер завтра едет в Киото.

⑨ ミラーさんは あした 京都へ 行くと 言って いました。 Г-н Миллер сказал, что завтра едет в Киото.

В примере ⑨ источником информации является сам г-н Миллер, тогда как в примере ⑧ источником информации помимо г-на Миллера может быть и третье лицо. Кроме того, конструкция с 「～と いって いました」 (пример ⑨) позволяет передать как прямую, так и косвенную речи, а конструкция с 「～そうです」 (пример ⑧) допускает использование только нейтральной формы, т.е. передаёт только косвенную речь.

2.

ГЛАГ	нейтральная форма		
い-ПРИЛ	нейтральная форма		ようです
な-ПРИЛ	нейтральная форма ～だ→～な		
СУЩ	нейтральная форма ～だ→～の		

«Похоже, что...»

Речевая конструкция с 「～ようです」 выражает субъективное предположение, основанное на информации, полученной говорящим посредством органов чувств.

Для того, чтобы подчеркнуть, что «высказанное мною не является проверенной информацией, но ...», говорящий может использовать наречие 「どうも」.

⑩ 人が 大勢 集まって いますね。　　Как много народу собралось, не так ли?

　…事故のようですね。パトカーと　　– Похоже на аварию, да? Патрульная

　　救急車が 来て いますよ。　　　машина и скорая помощь приехали.

⑪ せきも 出るし、頭も 痛い。　　У меня кашель, и голова болит. Похоже,

　　どうも かぜを ひいたようだ。　　я где-то простудился.

Примечание: Отличие 「～そうです」 (Ур. 43, описание предположения) и 「～ようです」:

⑫ ミラーさんは 忙しそうです。　　Г-н Миллер выглядит занятым.　　(Ур. 43)

⑬ ミラーさんは 忙しいようです。　　Г-н Миллер, должно быть, занят.

В примере ⑫ выражено интуитивное предположение, основанное на наблюдении за поведением г-на Миллера, тогда как в примере ⑬ выражено суждение, основанное на том, что говорящий слышал, читал и т.п.

3. 声／音／におい／味が します

⑭ 変な 音が しますね。　　　　Какой странный звук, не правда ли?

Явления, воспринимаемые органами чувств, описываются при помощи речевой конструкции с 「～が します」. Это могут быть такие выражения, как 「こえが します」, 「においが します」, 「あじが します」 и др. Подобные выражения значат, что явления воспринимаются или ощущаются вне зависимости от воли или намерений говорящего.

47

135

Урок 48

I. Новые слова

おろします Ⅰ	降ろします、下ろします	опускать, снимать, сгружать
とどけます Ⅱ	届けます	доставлять, представлять
せわを します Ⅲ	世話を します	ухаживать за ~, заботиться о ~
いや [な]	嫌 [な]	неприятный, противный, мерзкий
きびしい	厳しい	строгий, суровый, требовательный
じゅく	塾	частные учебные курсы; подготовительные курсы
スケジュール		расписание, план, программа, график
せいと	生徒	ученик
もの	者	лицо, человек (про родственников или подчинённых)
にゅうかん	入管	иммиграционная служба
さいにゅうこくビザ	再入国ビザ	разрешение на повторный въезд в страну
じゆうに	自由に	свободно, самостоятельно
～かん	～間	в течение (период времени)
いい ことですね。		Это хорошо, не так ли.

お忙<small>いそが</small>しいですか。 　　　　　Вы заняты? (при обращении к вышестоящим или старшим по возрасту лицам)

久<small>ひさ</small>しぶり 　　　　　спустя долгое время

営業<small>えいぎょう</small> 　　　　　бизнес, менеджмент продаж

それまでに 　　　　　к этому времени

かまいません。 　　　　　(Я) не возражаю.

楽<small>たの</small>しみます Ⅰ 　　　　　получать удовольствие, наслаждаться, развлекаться

.... 読み物　Внеклассное чтение ....

もともと 　　　　　изначально

一世紀<small>せいき</small> 　　　　　-й век

代<small>か</small>わりを します Ⅲ 　　　　　стать заменой, заменить

スピード 　　　　　скорость

競走<small>きょうそう</small>します Ⅲ 　　　　　состязаться в беге

サーカス 　　　　　цирк

芸<small>げい</small> 　　　　　трюк, фокус

美<small>うつく</small>しい 　　　　　красивый

姿<small>すがた</small> 　　　　　фигура, наружность

心<small>こころ</small> 　　　　　душа, сердце

とらえます Ⅱ 　　　　　поймать, охватить; трогать

～に とって 　　　　　для (кого-л. или чего-л.)

48

II. Перевод

Речевые модели

1. Сына отправим учиться в Англию.
2. Дочь заставлю (буду побуждать) учиться играть на пианино.

Примеры

1. Как приедете на станцию, позвоните, пожалуйста.
   Я пошлю сотрудника встретить вас.
   – Хорошо.
2. Ганс любит играть на улице, не так ли?
   – Да. И для здоровья хорошо, и друзей можно завести, поэтому я побуждаю его по возможности больше играть на улице.
3. Алло, можно попросить Итиро кун?
   – Извините, он сейчас принимает ванну.
   Я передам, чтобы он вам перезвонил.
4. Как вам уроки профессора Уатта?
   – Очень напряжённые. Поскольку студентам ни в коем случае не разрешается использовать японский язык. Зато всё, что хочешь сказать, (профессор) побуждает говорить свободно.
5. Извините, на некоторое время здесь не позволите припарковать машину?
   Поскольку буду выгружать вещи.
   – Пожалуйста.

Диалог

Не позволите ли взять отпуск?

Миллер:	Накамура сан, вы сейчас заняты?
Начальник отдела	
Накамура:	Нет, пожалуйста.
Миллер:	М-м, хотел бы попросить …
Накамура:	Да, о чём?
Миллер:	По правде говоря, в следующем месяце у моего друга в Америке свадьба.
Накамура:	Вот как?...
Миллер:	Поэтому хочу получить разрешение ненадолго съездить на родину...
Накамура:	В следующем месяце когда именно?
Миллер:	Вы не разрешите ли взять отпуск с 7-го числа на 10 дней?
	И с родителями давно не виделся...
Накамура:	Так, в следующем месяце 20-го числа будет совещание по маркетингу и продажам, не так ли? До этого времени сможете вернуться?
Миллер:	Свадьба 15-го, и как только закончится, сразу же вернусь.
Накамура:	Хорошо, я не возражаю. Пожалуйста, отдохните, как следует.
Миллер:	Большое спасибо.

III. Справочная информация

しつける・鍛_{きた}える　ВОСПИТАНИЕ

子どもに何_{なに}をさせますか　К чему побуждаем детей?

● 自然_{しぜん}の中_{なか}で遊_{あそ}ぶ
играть на природе
(проводить время на свежем воздухе)

● スポーツをする
заниматься спортом

● 一人_{ひとり}で旅行_{りょこう}する
путешествовать самостоятельно

● いろいろな経験_{けいけん}をする
набираться разностороннего опыта

● いい本_{ほん}をたくさん読_よむ
читать много хороших книг

● お年寄_{としよ}りの話_{はなし}を聞_きく
слушать рассказы пожилых людей

● ボランティアに参加_{さんか}する
принимать участие в волонтёрской деятельности

● うちの仕事_{しごと}を手伝_{てつだ}う
помогать в работе по дому

● 弟_{おとうと}や妹_{いもうと}、おじいちゃん、おばあちゃんの世話_{せわ}をする
заботиться о младших братьях и сёстрах, бабушках и дедушках

● 自分_{じぶん}がやりたいことをやる
стремиться к достижению намеченной цели

● 自分_{じぶん}のことは自分_{じぶん}で決_きめる
самостоятельно принимать решения

● 自信_{じしん}を持_もつ
быть уверенными в себе

● 責任_{せきにん}を持_もつ
быть ответственными

● 我慢_{がまん}する
быть терпеливыми

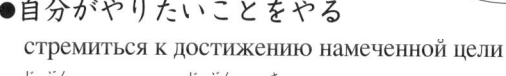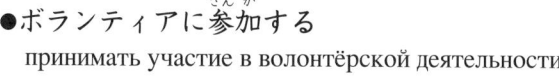

● 塾_{じゅく}へ行_いく
ходить на дополнительные занятия и курсы

● ピアノや英語_{えいご}を習_{なら}う
учиться игре на пианино, английскому языку и т.д.

IV. Грамматика

1. Побудительный залог глаголов

Правила образования побудительного залога см. Учебник, урок 48, стр. 188, упражнение A1.

		побудительный залог	
		вежливая форма	нейтральная форма
I	いきます	いかせます	いかせる
II	たべます	たべさせます	たべさせる
III	きます	こさせます	こさせる
	します	させます	させる

Все глаголы в побудительном залоге являются глаголами 2-й группы и имеют словарную форму, ない-форму, て-форму и т.д., например, いかせる、いかせ (ない)、いかせて.

2. Предложения с глаголами в побудительном залоге

В предложениях с глаголами в побудительном залоге побуждаемый к действию субъект может оформляться частицей「を」или частицей「に」. Если в предложении сказуемое выражено непереходным глаголом, как представлено ниже в § 1), то субъект оформляется частицей「を」. Если в роли сказуемого, как представлено в § 2), выступает переходный глагол, то субъект оформляется частицей「に」вне зависимости от наличия или отсутствия прямого дополнения при глаголе.

1) **СУЩ (лицо) を ГЛАГ(непереходный) в побудительном залоге** ВЫРАЖЕНИЕ ПОБУЖДЕНИЯ К ДЕЙСТВИЮ (ГЛАГ непереходный)

① 部長は 加藤さんを 大阪へ 出張させます。 Начальник департамента посылает Като сан в Осака в командировку.

② わたしは 娘を 自由に 遊ばせました。 Я приучала дочь играть самостоятельно.

Примечание: Исключение составляют непереходные глаголы в выражениях с указанием места «СУЩ (место) を». В этом случае, как показано в примере ③, побуждаемый к действию субъект оформляется частицей「に」. Если же нет оборота, требующего частицы「を」, то побуждаемый к действию субъект, согласно правилу, оформляется частицей「を」, как показано в примере ④.

③ わたしは 子どもに 道の 右側を 歩かせます。 Я приучаю ребёнка ходить по правой стороне улицы.

④ わたしは 子どもを 歩かせます。 Я приучаю ребёнка ходить пешком.

2) **СУЩ(лицо) に СУЩを ГЛАГ(переходный) в побудительном залоге** ВЫРАЖЕНИЕ ПОБУЖДЕНИЯ К ДЕЙСТВИЮ (ГЛАГ переходный)

⑤ 朝は 忙しいですから、娘に 朝ごはんの 準備を 手伝わせます。 Утром занята, поэтому прошу дочь помочь готовить завтрак.

⑥ 先生は 生徒に 自由に 意見を 言わせました。 Преподаватель побуждал учеников свободно высказывать мнения.

3. Использование побудительного залога

Глаголы в побудительном залоге выражают принуждение или разрешение и используются для описания взаимоотношений между, например, родителями и детьми, старшими и младшими братьями и сёстрами, вышестоящими и подчинёнными в одной и той же фирме и т.п., т.е. когда чётко определена вертикальная субординация, и вышестоящий принуждает нижестоящего к совершению действия, или нижестоящий получает разрешение на совершение действия. В примерах ① и ⑤ выражено побуждение (принуждение), а в примерах ② и ⑥ – разрешение.

Однако, как показано в следующем примере, если о принуждении/побуждении совершить действие внутри фирмы (и тому подобной социальной группы) сообщается постороннему лицу, то побудительная конструкция используется вне зависимости от вертикальной субординации внутри социальной группы.

⑦ 駅に 着いたら、お電話を ください。	Как приедете на станцию, позвоните, пожалуйста.
係の 者を 迎えに 行かせますから。	Я пошлю сотрудника встретить вас.
…わかりました。	– Хорошо.

Примечание 1: Если нижестоящее лицо побуждает к действию вышестоящего при чётко выраженной вертикальной субординации между ними, то используется речевая конструкция 「ГЛАГて-форма いただきます」. Если оба действующих лица имеют равный статус, или вертикальная субординация между ними неясна, то используется речевая конструкция 「ГЛАГ て-форма もらいます」.

⑧ わたしは 部長に 説明して いただきました。	Начальник департамента объяснил мне.
⑨ わたしは 友達に 説明して もらいました。	Друг объяснил мне.

Примечание 2: Как понятно из примера ⑧, при описании нижестоящим лицом действий вышестоящего по отношению к себе обычно глаголы в побудительном залоге не используются. Однако, хотя в настоящем учебнике и не изучается, при описании нижестоящим лицом действий вышестоящего по отношению к себе в качестве исключения, как показано в примере ⑩, может быть использован побудительный залог глаголов, выражающих эмоции: 〔あんしんする, しんぱいする, がっかりする, よろこぶ (радоваться), かなしむ (печалиться), おこる (злиться) и др.〕.

⑩ 子どもの とき、体が 弱くて、母を 心配させました。 В детстве я доставлял матери беспокойство из-за слабого здоровья.

---

4. | **ГЛАГпобудительный залог て-форма いただけませんか** | «Разрешите мне...»

В Уроке 26 была представлена речевая конструкция 「ГЛАГ て-форма いただけませんか」. Она используется для выражения вежливой просьбы к собеседнику, чтобы тот совершил некое действие. Если же говорящий хочет получить от собеседника позволение (одобрение) совершить некое действие, но совершать это действие говорящий будет самостоятельно, то используется конструкция 「ГЛАГпобудительный залог て-форма いただけませんか」.

⑪ コピー機の 使い方を 教えて いただけませんか。 Не можете ли вы объяснить, как пользоваться копировальным аппаратом. (Ур. 26)

⑫ 友達の 結婚式が あるので、早退させて いただけませんか。 Будет свадьба друга, поэтому не разрешите ли мне уйти пораньше. (Ур. 48)

В примере ⑪ 「おしえる」 указывает на действие собеседника, тогда как в примере ⑫ 「そうたいする」 – на действие говорящего.

Урок 49

I. Новые слова

つとめます II	勤めます	работать, исполнять обязанности, служить
［かいしゃに〜］	［会社に〜］	［〜 в компании］
やすみます I	休みます	спать
かけます II	掛けます	садиться, сесть
［いすに〜］		［〜 на стул］
すごします I	過ごします	проводить (время)
よります I	寄ります	заходить
［ぎんこうに〜］	［銀行に〜］	［〜 в банк］
いらっしゃいます I		быть, идти, приходить (почтительный эквивалент います, いきます, きます)
めしあがります I	召し上がります	есть, пить (почтительный эквивалент たべます, のみます)
おっしゃいます I		говорить (почтительный эквивалент いいます)
なさいます I		делать (почтительный эквивалент します)
ごらんに なります I	ご覧に なります	видеть, смотреть (почтительный эквивалент みます)
ごぞんじです	ご存じです	знать (почтительный эквивалент しって います)
あいさつ		приветствие (〜を します приветствовать, здороваться)
はいざら	灰皿	пепельница
りょかん	旅館	традиционная японская гостиница
かいじょう	会場	место проведения мероприятий, зал
バスてい	バス停	автобусная остановка
ぼうえき	貿易	внешняя торговля
〜さま	〜様	(почтительный эквивалент 〜さん)
かえりに	帰りに	на обратном пути
たまに		иногда, рєдко
ちっとも		нисколько, ничуть; совершенно, совсем не (употребляется в отрицательных конструкциях)
えんりょなく	遠慮なく	свободно, без стеснения, без церемоний

─年─組	-й класс, -я группа (аналогично русскому: 5А, 5Б, 5В и т.д.)
では	тогда, в таком случае (вежливый эквивалент じゃ)
出します[熱を～] I	подняться [~ температура]
よろしく お伝え ください。	Передайте, пожалуйста, моё почтение (поклон, привет).
失礼いたします。	Всего наилучшего, до свидания (скромный эквивалент しつれいします)
※ひまわり小学校	вымышленное название начальной школы

.... 読み物 Внеклассное чтение ....

講師	преподаватель, лектор
多くの ～	много
作品	произведение (литературы, искусства и т. п.)
受賞します III	получить премию
世界的に	всемирно
作家	писатель
～で いらっしゃいます I	быть, являться (почтительный эквивалент です)
長男	старший сын
障害	помеха, препятствие, ограниченные возможности
お持ちです	иметь (почтительный эквивалент もって います)
作曲	сочинение (музыки), композиция
活動	деятельность
それでは	итак, ... (в начале или в конце выступления)
※大江 健三郎	японский писатель (1935 -)
※東京大学	Токийский университет
※ノーベル文学賞	Нобелевская премия по литературе

II. Перевод

Речевые модели

1. Начальник отдела уже ушёл.
2. Господин президент уже покинул рабочее место.
3. Начальник департамента отправляется в командировку в Америку.
4. Будьте любезны, немного подождите, пожалуйста.

Примеры

1. Вы смогли прочитать эту книгу?
   – Да, уже прочитал.
2. Извините. Вы будете пользоваться этой пепельницей?
   – Нет, не буду. Возьмите, пожалуйста.
3. Вам часто удаётся смотреть кинофильмы?
   – Нет. Но иногда я смотрю по телевизору.
4. Вы знаете, что сын Огава сан сдал вступительные экзамены в Университет Сакура?
   – Нет, я совершенно не знал об этом.
5. Что вы предпочитаете из напитков?
   Без стеснения, выберите, пожалуйста.
   – Тогда пиво, пожалуйста.
6. Начальник департамента Мацумото на месте?
   – Да, вот в этом кабинете. Прошу, проходите, пожалуйста.

Диалог

Будьте добры, передайте, пожалуйста, моё почтение

Учитель:	Алло, начальная школа Химавари.
Клара:	Доброе утро. Это говорит мать Ганса Шмита из 2-й группы 5-го класса, можно попросить Ито сэнсэй?
Учитель:	Её ещё нет ...
Клара:	Тогда вы не могли бы передать Ито сэнсэй...
Учитель:	Да, конечно. Что случилось?
Клара:	Дело в том, что у Ганса вчера вечером поднялась температура и сегодня утром продолжает держаться.
Учитель:	Да, очень жаль.
Клара:	Поэтому сегодня я оставлю его дома, и будьте добры, передайте, пожалуйста, Ито сэнсэй моё почтение.
Учитель:	Непременно. Желаю скорейшего выздоровления.
Клара:	Всего наилучшего, до свидания.

III. Справочная информация

電話のかけ方　РАЗГОВОР ПО ТЕЛЕФОНУ

:もしもし、——さんのお宅でいらっしゃいますか。

Алло, это квартира господина (госпожи) _____?

:はい、——でございます。

Да, это _____.

:私、——と申しますが、

——さんはいらっしゃいますか。

Вас беспокоит ____.

Можно попросить г-на (г-жу) ____?

:いいえ、違います。

Нет, вы ошиблись.

:あ、失礼しました。

О, извините, пожалуйста.

:はい、ちょっとお待ちください。

Да, немного подождите, пожалуйста.

* * * * *

:もしもし、——ですが……

Алло, ____ слушает.

:——は外出中ですが。

____ сейчас вышел (вышла).

:ああ、そうですか。

Понятно.

あのう、伝言をお願いできますか。

Вы не могли бы ему (ей) кое-что передать?

:はい、どうぞ。

Да, пожалуйста.

:では、すみませんが、会議は10時に

始まるとお伝えください。

Будьте любезны, передайте, пожалуйста,
что совещание начнётся в 10.

:はい、わかりました。

Да, хорошо.

:——は出かけておりますが。

____ вышел (вышла) / ____ нет дома.

:何時ごろお帰りになりますか。

Когда примерно он (она) вернётся?

:10時ごろになると思いますが。

Думаю, что около 10-ти.

:では、そのころまたお電話します。

Тогда я перезвоню в это время.

:そうですか。

Хорошо.

:失礼します。

Извините за беспокойство.

IV. Грамматика

1. 敬語 (ВЫРАЖЕНИЯ УЧТИВОСТИ)

В Уроке 49 и Уроке 50 будут представлены「けいご (выражения учтивости)」.「けいご」выражают почтение, учтивость говорящего по отношению к собеседнику или лицу, о котором идёт речь. Необходимость использования говорящим「けいご」зависит от социально-личностных отношений и определяется следующими тремя факторами. (1) Если говорящий по возрасту или социальному статусу стоит ниже собеседника или лица, о котором идёт речь, то по отношению к ним как вышестоящим используются「けいご」. (2) При первой встрече или если говорящий малознаком с собеседником. (3)「けいご」обязательно используются для разделения понятий「ウチ-ソト (свой-чужой)」. Члены социальной группы, к которой принадлежит и сам говорящий (семья, фирма и пр.), понимается как「ウチ」, а все остальные – как「ソト」. Когда говорящий описывает постороннему лицу (「ソトの ひと」) действия «своего» (「ウチの ひと」), то вне зависимости от социально-возрастных различий внутри «своей» группы「けいご」не используются, т.е. говорящий всегда ставит「ウチの ひと」на один с собой уровень. Поэтому по отношению к「ウチの ひと」, даже если это лицо старше говорящего по возрасту или выше по социальному статусу,「けいご」не употребляются.

2. ВИДЫ 敬語

「けいご」подразделяются на три вида:「そんけいご」(почтительные выражения),「けんじょうご」(скромные выражения) и「ていねいご」(вежливые выражения). В Уроке 49 будут представлены「そんけいご」.

3. 尊敬語 (почтительные выражения)

Специальные речевые средства「そんけいご」используются при описании действий и обстоятельств собеседника или лица, о котором идёт речь, для того, чтобы выразить учтивое или почтительное отношение к ним. Также「そんけいご」используются и в отношении людей, предметов и обстоятельств, которые предположительно могут иметь отношение или принадлежать собеседнику или лицу, о котором идёт речь.

1) Глаголы

(1) **Почтительный залог глаголов** (см. Учебник, Урок 49, стр. 196, упражнение А1)

Почтительный залог глаголов совпадает со страдательным залогом. Глаголы относятся ко 2-й группе.

① 中村さんは 7時に 来られます。　　　Накамура сан прибудет в семь часов.

② お酒を やめられたんですか。　　　Вы перестали употреблять алкоголь?

(2) | お ГЛАГ ます-форма に なります |

Эта речевая конструкция выражает большую степень учтивости, чем почтительный залог. Однако в этой конструкции не используются「みます」,「ねます」и другие глаголы, ます-форма которых состоит из одного слога (моры), а также глаголы 3-й группы. Кроме того, если глагол имеет *специальный почтительный эквивалент*, как представлено ниже в § (3), то используется этот *почтительный эквивалент*.

③ 社長は もう お帰りに なりました。　　　Президент уже покинул рабочее место.

(3) **Специальные почтительные эквиваленты** (Учебник, Урок 49, стр. 196, упражнение А5)

Некоторые глаголы имеют *специальные почтительные эквиваленты*, которые по степени учтивости совпадают с представленной выше в § (2) речевой конструкцией.

④ ワット先生は 研究室に いらっしゃいます。　　　Профессор Уатт находится в кабинете.

⑤ どうぞ 召し上がって ください。　　Прошу, угощайтесь, пожалуйста.

<u>Примечание</u>: 「いらっしゃいます」、「なさいます」、「くださいます」、「おっしゃいます」являются глаголами 1-й группы, однако, за исключением ます-формы, спрягаются по строке 「ら」.

⑥ ワット先生は テニスを なさいますか。　　Профессор Уатт играет в теннис?

　…いいえ、なさらないと 思います。　　– Нет, думаю, что нет.

(4)　┌ お **ГЛАГ** ます-форма　ください ┐

　　Эта речевая конструкция служит для почтительного выражения просьбы или рекомендации собеседнику.

⑦ あちらから お入り ください。　　Будьте любезны, войдите оттуда, пожалуйста.

<u>Примечание</u>: Однако в этой конструкции не могут быть использованы *специальные почтительные эквиваленты*, за исключением 「めしあがります」и「ごらんに なります」, которые соответственно принимают форму 「おめしあがり ください (Угощайтесь, пожалуйста)」и「ごらん ください (Обратите свой взгляд, пожалуйста)」.

2) **Существительные, прилагательные и наречия**

　　Кроме глаголов, некоторые существительные, прилагательные и наречия с преффиксами 「お」или「ご」являются 「そんけいご」. Выбор преффикса зависит от слова. Как правило, 「お」присоединяется к словам японского происхождения, а 「ご」– к словам, пришедшим из китайского языка.

Примеры слов с преффиксом 「お」:

(СУЩ)　　お国、お名前、お仕事

(な-ПРИЛ)　お元気、お上手、お暇

(い-ПРИЛ)　お忙しい、お若い

Примеры слов с преффиксом 「ご」:

(СУЩ)　　ご家族、ご意見、ご旅行

(な-ПРИЛ)　ご熱心、ご親切

(НАРЕЧИЕ)　ご自由に

4. 敬語 и стиль речи

　　「けいご」употребляются не только в вежливой, но и в нейтральной форме. Если 「けいご」в нейтральной форме является конечным сказуемым, то и всё предложение становится предложением нейтрального стиля. Такие конструкции используются в том случае, если равные по статусу близкие знакомые в разговоре должны выразить почтение по отношению к лицу, о котором идёт речь.

⑧ 部長は 何時に いらっしゃる？　　Когда придёт начальник департамента?

5. Стилистическое единство предложения

　　При использовании 「けいご」в предложении необходимо последовательно употреблять только почтительные обороты, чтобы выдержать «уровень вежливости».

⑨ 部長の <u>奥様</u>も <u>ごいっしょに</u> ゴルフに <u>行かれます</u>。　　Супруга начальника департамента также отправится играть в гольф (вместе с мужем).

　　В примере ⑨, чтобы выдержать «уровень вежливости» всего предложения, вместо 「おくさん」、「いっしょに」、「いきます」используются 「おくさま」、「ごいっしょに」、「いかれます」.

6. ～まして

　　В вежливой речи при оформлении неконечного сказуемого возможна замена 「ГЛАГ て-форма」на 「ГЛАГ ます-форма まして」. В предложениях с 「けいご」для того, чтобы выдержать «уровень вежливости» 「～まして」используется часто.

⑩ ハンスが ゆうべ 熱を 出しまして、　　У Ганса вчера вечером поднялась

　けさも まだ 下がらないんです。　　температура и сегодня утром продолжает держаться.

Урок 50

I. Новые слова

まいります I	参ります	идти, приходить (скромный эквивалент いきます, きます)
おります I		быть (скромный эквивалент います)
いただきます I		есть, пить, получать (скромный эквивалент たべます, のみます, もらいます)
もうします I	申します	говорить (скромный эквивалент いいます)
いたします I		делать (скромный эквивалент します)
はいけんします Ⅲ	拝見します	видеть, смотреть (скромный эквивалент みます)
ぞんじます Ⅱ	存じます	знать (скромный эквивалент しります)
うかがいます I	伺います	спрашивать, осведомляться, слушать, посещать (скромный эквивалент ききます, いきます)
おめに かかります I	お目に かかります	встречаться (скромный эквивалент あいます)
ございます I		быть (вежливый эквивалент あります)
～で ございます		быть (вежливый эквивалент ～です)
わたくし	私	я (скромный эквивалент わたし)
ガイド		экскурсовод
おたく	お宅	дом, жилище (собеседника или 3-го лица)
こうがい	郊外	пригород
アルバム		фотоальбом
さらいしゅう	さ来週	через две недели
さらいげつ	さ来月	через два месяца
さらいねん	さ来年	через два года
はんとし	半年	полгода
さいしょに	最初に	в начале, сначала, прежде всего
さいごに	最後に	в конце
ただいま	ただ今	теперь, только что, сейчас

※江戸東京博物館
(えどとうきょうはくぶつかん)

Музей Эдо-Токио – Токийский муниципальный историко-краеведческий и художественный музей

◁■会話▷

緊張します Ⅲ	быть напряжённым, нервничать
放送します Ⅲ	транслировать, передавать по радио, телевидению
撮ります［ビデオに〜］ Ⅰ	снимать, записать [～ на видео]
賞金	призовые деньги, премия
自然	природа, естественная среда обитания
きりん	жираф
象	слон
ころ	время, времена
かないます［夢が〜］ Ⅰ	сбываться [мечта ~]
ひとこと よろしいでしょうか。	Разрешите сказать пару слов.
協力します Ⅲ	помогать, содействовать
心から	сердечно, от всего сердца
感謝します Ⅲ	благодарить

.... 読み物　Внеклассное чтение ....

［お］礼	благодарность
拝啓	С почтением приветствую
美しい	красивый
お元気で いらっしゃいますか。	Как Вы поживаете? (почтительный эквивалент おげんきですか)
迷惑を かけます Ⅱ	доставлять беспокойство
生かします Ⅰ	использовать наилучшим образом
［お］城	замок, дворец
敬具	С уважением
※ミュンヘン	Мюнхен (город в Германии)

II. Перевод

Речевые модели

1. Я пришлю вам расписание на этот месяц.
2. Я приехал из Америки.

Примеры

1. Вероятно, тяжело. Позвольте, я поднесу.
   – Извините. Прошу вас.
2. Скажите, пожалуйста, посмотрев здесь, куда мы поедем?
   – Потом я познакомлю вас с Музеем Эдо-Токио.
3. Г-н Гупта прибывает в 2 часа. Кто-нибудь поедет встречать?
   – Да, я поеду.
4. Где проживает ваша семья?
   – В Нью-Йорке.
5. Разрешите посмотреть ваш билет.
   – Вот.
   Большое спасибо.
6. Вы знаете, что г-н Миллер победил на конкурсе устных выступлений?
   – Да, я слышал от начальника департамента.
7. Это г-н Миллер.
   – Здравствуйте, позвольте представиться – Миллер.
   Прошу вашего расположения.
8. Здесь поблизости есть телефон?
   – Да, пожалуйста, рядом с той лестницей (расположен телефон).

Диалог

От всего сердца благодарю

Ведущий:	Поздравляю с победой. Это была великолепная речь.
Миллер:	Большое спасибо.
Ведущий:	Вы волновались?
Миллер:	Да, очень волновался.
Ведущий:	Вы знали, что будут транслировать по телевизору?
Миллер:	Да. Я хотел бы записать на видео и показать родителям в Америке.
Ведущий:	А на что вы потратите призовые деньги?
Миллер:	М-мм. Я люблю животных и с детства мечтал поехать в Африку.
Ведущий:	Значит, вы поедете в Африку?
Миллер:	Да. Я хотел бы увидеть жирафов, слонов в естественной среде обитания.
Ведущий:	Сбудется мечта детства, не так ли?
Миллер:	Да. И в заключение позвольте пару слов?
Ведущий:	Пожалуйста.
Миллер:	Я от всего сердца благодарю всех, кто всячески помогал мне принять участие в этом конкурсе.

III. Справочная информация

封筒・はがきのあて名の書き方 КАК ПИСАТЬ АДРЕС НА КОНВЕРТАХ И ОТКРЫТКАХ

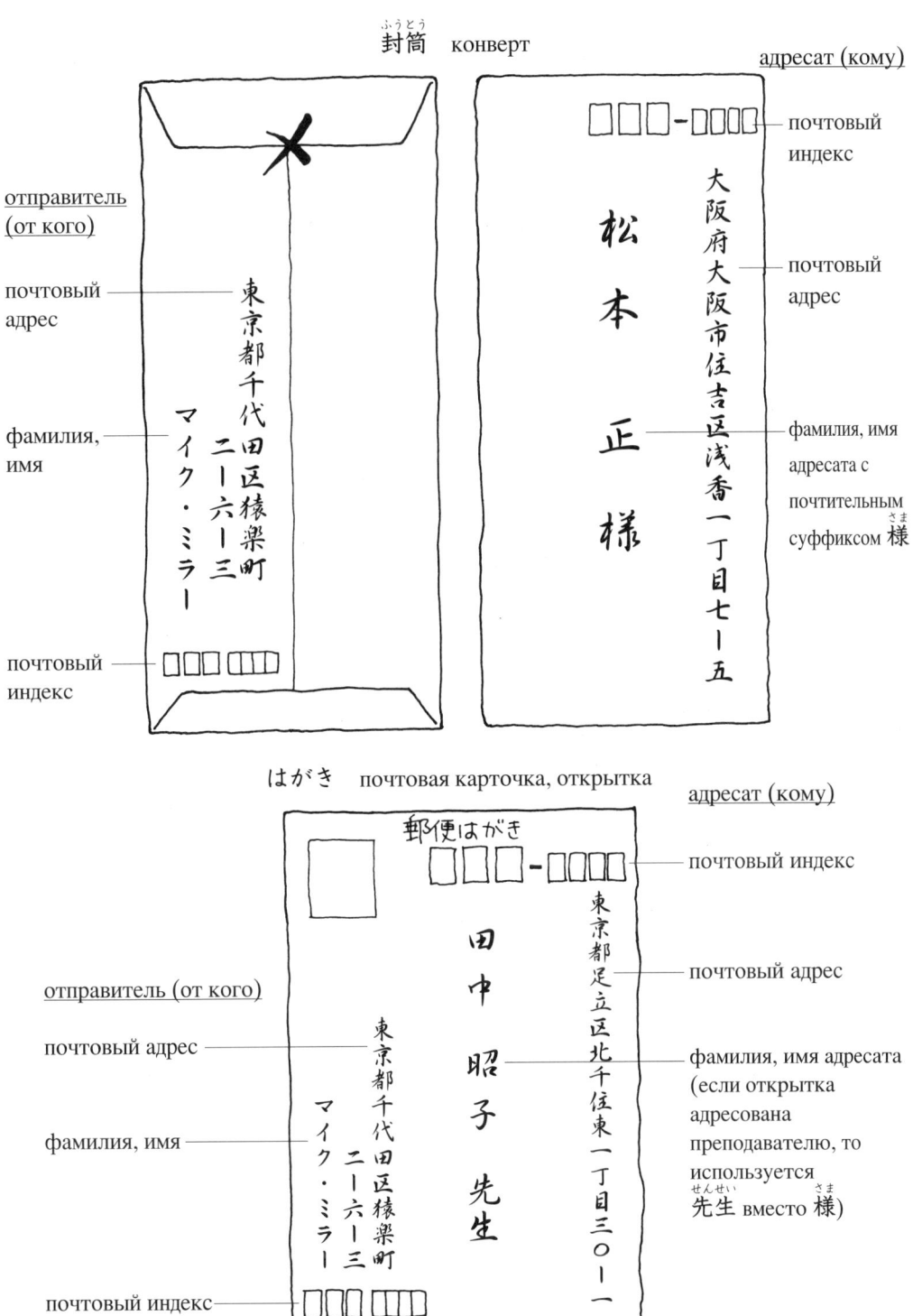

封筒 конверт

адресат (кому)

почтовый индекс

почтовый адрес

фамилия, имя адресата с почтительным суффиксом 様

отправитель (от кого)

почтовый адрес

фамилия, имя

почтовый индекс

はがき почтовая карточка, открытка

адресат (кому)

почтовый индекс

почтовый адрес

фамилия, имя адресата (если открытка адресована преподавателю, то используется 先生 вместо 様)

отправитель (от кого)

почтовый адрес

фамилия, имя

почтовый индекс

IV. Грамматика

1. 謙譲語(けんじょうご) (скромные выражения)

「けんじょうご」 (скромные выражения) – это выражения, в которых говорящий, принижает собственные действия или поступки с тем, чтобы выразить почтение к собеседнику или к лицу, о котором идёт речь. Почтение выражается по отношению к лицу более высокого социального статуса, а также к 「ソトの ひと (чужому)」. Также 「けんじょうご」 используются говорящим в речи о 「ウチの ひと (своём)」, если собеседником является 「ソトの ひと」.

1) お／ご〜します

(1) お ГЛАГ (1-я или 2-я группа) ます-форма します

① 重(おも)そうですね。お持(も)ちしましょうか。   Вероятно, тяжело. Позвольте, я поднесу.

② 私(わたくし)が 社長(しゃちょう)に スケジュールを お知(し)らせします。   Я покажу президенту расписание.

③ 兄(あに)が 車(くるま)で お送(おく)りします。   Мой брат проводит вас на машине.

В примере ① по отношению к собеседнику, а в примере ② по отношению к лицу, о котором идёт речь, говорящий принижает собственные действия. В примере ③ деятелем является не говорящий, но 「ウチの ひと」.

Однако в этой конструкции не используются 「みます」, 「います」 и другие глаголы, ます-форма которых состоит из одного слога (моры).

(2) ご ГЛАГ (3-я группа)

Эта речевая конструкция используется с глаголами 3-й группы.

④ 江戸東京博物館(えどとうきょうはくぶつかん)へ ご案内(あんない)します。   Я познакомлю вас с Музеем Эдо-Токио.

⑤ きょうの 予定(よてい)を ご説明(せつめい)します。   Я расскажу вам о расписании на сегодня.

Кроме представленных глаголов могут также употребляться 「しょうかいします」,「しょうたいします」,「そうだんします」,「れんらくします」 и другие. Однако с глаголами 「でんわします」и「やくそくします」 как исключение используется не преффикс 「ご」, а преффикс 「お」.

Примечание: Речевая конструкция, представленная в примерах (1) и (2), может использоваться только при описании действий, предполагающих наличие как деятеля, так и адресата действия, по отношению к которому выражается почтение. Поэтому, если действие не предполагает адресата, как в следующем примере, то эта конструкция не употребляется.

× 私(わたくし)は 来月(らいげつ) 国(くに)へ お帰(かえ)りします。

2) **Специальный скромный эквивалент глаголов** (см. Учебник, Урок 50, стр. 204, упражнение А3)

Существует несколько глаголов, уже несущих в себе значение скромности. Они используются следующим образом.

(1) Если действия говорящего так или иначе связаны с собеседником или лицом, о котором идёт речь:

⑥ 社長の 奥様に お目に かかりました。   Я встретил супругу президента.

⑦ あしたは だれが 手伝いに 来て くれますか。   Завтра кто придёт мне помочь?

… 私が 伺います。   – Я вас побеспокою.

(2) Если действия говорящего никак не связаны с собеседником или лицом, о котором идёт речь:

⑧ ミラーと 申します。   Позвольте представиться – Миллер.

⑨ アメリカから 参りました。   Я приехал из Америки.

2. 丁寧語 (вежливые выражения)

「ていねいご」 – это вежливые выражения, которые употребляются говорящим для того, чтобы выразить почтение к собеседнику.

1)ございます

「ございます」 – вежливый эквивалент「あります」.

⑩ 電話は 階段の 横に ございます。   Телефон находится рядом с лестницей.

2)〜で ございます

「〜で ございます」 – вежливый эквивалент「〜です」.

⑪ はい、IMC で ございます。   Алло, вы позвонили в IMC.

…パワー電気の シュミットですが、   – Это Шмит из фирмы «Пауэр-Дэнки».

ミラーさん、お願いします。   Будьте добры, г-на Миллера.

3)よろしいでしょうか

「よろしいでしょうか」 – вежливый эквивалент「いいですか」.

⑫ お飲み物は 何が よろしいでしょうか。   Что из напитков вы предпочитаете?

…コーヒーを お願いします。   – Кофе, будьте добры.

⑬ この パンフレットを いただいても よろしいでしょうか。   Можно получить этот буклет?

Частицы

1. [は]

A: 1) Я спорт не люблю. (Урок 26)

    2) В моей школе есть учитель-американец. (27)

    3) Этот (торговый) автомат сломан. (29)

B: 1) Раньше отсюда горы были хорошо видны, а сейчас – нет. (27)

    2) Хираганой могу писать, а иероглифами – нет. (27)

    3) В погожий день видна гора Фудзи, а в дождливый день – нет. (27)

C: Для подготовки вечеринки нужно 10 человек. (42)

2. [も]

A: 1) В школе моего младшего брата тоже есть учитель-американец. (27)

    2) У меня и температура, и голова болит – сегодня не пойду на работу. (28)

B: Чтобы отремонтировать видеомагнитофон потребовалось целых 3 недели. (42)

3. [の]

A: 1) Путешествие планируется на неделю. (31)

    2) Стол соберите, пожалуйста, в соответствии с инструкцией. (34)

    3) После еды пью кофе. (34)

    4) Чтобы быть здоровой, ем много овощей. (42)

    5) В случае поломки позвоните, пожалуйста, по этому номеру. (45)

    6) Тот супермаркет завтра, должно быть, не работает. (46)

    7) Рассказ Огава сан похож на правду. (47)

    8) Г-н Гупта прибывает в 2 часа. (50)

B: Место рождения дочери – маленький городок на Хоккайдо. (38)

4. [を]

A: Я заканчиваю университет. (31)

B: После 11 вечера по телефону нельзя звонить. (36)

C: Начальник департамента позволил Судзуки сан 3 дня отдохнуть. (48)

5. [が]

A: 1) Автобуса не было (не пришёл). (26)

    2) Из окна видны горы. (27)

    3) Поблизости построили большой мост. (27)

    4) Свет включён (электричество включено). (29)

    5) На стене висит картина. (30)

    6) Я сделаю, поэтому оставьте так, как есть. (30)

    7) Открыта новая звезда. (37)

    8) Токийцы ходят быстро. (38)

    9) Объяснение сложное, поэтому я не понимаю. (39)

10) Я поеду встречать г-на Гупту. (50)

B: Я могу читать японские газеты (газеты на японском языке). (27)

C: Я хотел бы побывать на «Эн-Эйч-Кэй», что для этого нужно сделать? (26)

6. [に]

A: 1) Я опоздал к обещанному времени. (26)

2) Я участвую в спартакиаде. (26)

3) Сдал экзамены в Университет Сакура. (32)

4) Я заметил, что забыл (*какую-то* вещь). (34)

5) Завтра я участвую в бейсбольном матче. (36)

6) Попал в аварию. (45)

7) Я работаю на (в) фирме. (49)

B: 1) Там вдали виден остров. (35)

2) Я забыл зонт в поезде. (29)

3) На стене висит картина. (30)

C: 1) Тот преподаватель пользуется популярностью у учащихся. (28)

2) Я интересуюсь компьютерами. (41)

D: 1) Я езжу в университет на машине. (28)

2) Думаю поехать с семьёй на горячие источники. (31)

3) В следующем месяце перевожусь в Фукуока. (31)

E: 1) Скажем Ватанабэ сан и попросим открыть дверь. (29)

2) Вы не могли бы передать начальнику отдела, что завтра мне неудобно? (33)

F: Начальником департамента мне была поручена работа. (37)

G: Вы знаете, что у Кимура сан родился ребёнок? (38)

H: Это блюдо подарил на свадьбу начальник департамента. (41)

I: Этот портфель лёгкий, поэтому удобен для путешествий. (42)

J: Следующее собрание проведём через 2 недели. (44)

K: Я заставлю (буду побуждать) дочь учиться играть на пианино. (48)

7. [で]

A: 1) До станции можно дойти за 30 минут. (32)

2) Если нет (других) мнений, на этом закончим. (35)

3) Такая длина брюк устраивает? (44)

B: 1) Извините, говорите, пожалуйста, немного громче. (27)

2) Лучше не брать наличные (деньги). (32)

C: Эта одежда сделана из бумаги. (37)

D: В результате землетрясения погибло много людей. (39)

8. [と]

1) В будущем думаю создать собственную фирму. (31)

2) Там написано «Томарэ» («Стоп»). (33)

3) Эти иероглифы читаются «Кин-эн». (33)

4) Передайте, пожалуйста, Судзуки сан, что я жду его в зале заседаний. (33)

9. ［から］

Сакэ делают из риса. (37)

10. ［か］

1) Мужчины на свадьбу одевают чёрный или тёмно-синий костюм. (34)

2) Пока неизвестно, пройдёт над Токио тайфун номер 9 или нет. (40)

3) Выясните, пожалуйста, во сколько прибывает рейс JL 107. (40)

11. ［しか］

В фирме, где я работаю, лишь на неделю можно взять отпуск. (27)

12. ［とか］

Каждый день занимаюсь танцами, плаванием и т. п. (36)

156

Употребление грамматических форм

1. [ます-форма]

ます-формаながら 〜	Я ем, слушая музыку.	(Урок 28)
ます-формаやすいです	Этот компьютер прост в обращении.	(44)
ます-формаにくいです	Эта чашка прочная, её трудно разбить.	(44)
おます-формаに なります	Господин президент уже покинул рабочее место.	(49)
おます-форма ください	Будьте любезны, немного подождите, пожалуйста.	(49)
おます-формаします	Я пришлю вам расписание на этот месяц.	(50)

2. [て-форма]

て-форма います	Каждое утро я бегаю.	(28)
	Окно закрыто.	(29)
て-форма いません	Доклад ещё не написал.	(31)
て-форма しまいます	Я забыл зонт в поезде.	(29)
て-форма あります	В полицейском участке висит (наклеена на стене) карта города.	(30)
て-форма おきます	До урока посмотрю новый материал.	(30)
て-форма みます	Примерю новые туфли.	(40)
て-форма いただきます	Учитель исправил ошибки в написанном мною письме.	(41)
て-форма くださいます	Супруга начальника отдела научила меня чайной церемонии.	(41)
て-форма やります	Я смастерил сыну бумажный самолёт.	(41)
て-форма いただけませんか	Не могли бы вы познакомить меня с хорошим преподавателем?	(26)
て-форма きます	Ну, пойду куплю билет.	(43)

3. [ない-форма]

ない-формаないで、〜	Автобусом не пользуюсь, а хожу до станции пешком.	(34)
ない-формаなく なります	Вода в море стала грязной, и у берега уже не поплаваешь.	(36)

4. [словарная форма]

словарная формана	В поезде не шуметь!	(33)
словарная формаように なります	Наконец-то я научился ездить на велосипеде.	(36)
словарная формаのは 〜	Писать картины приятно.	(38)
словарная формаのが 〜	Я люблю смотреть на звёзды.	(38)
словарная формаのを 〜	Забыл взять с собой кошелёк.	(38)
словарная форма ために、〜	Коплю деньги (для того), чтобы в будущем иметь свой магазин.	(42)
словарная формаのに 〜	Эти ножницы используют для того, чтобы срезать цветы.	(42)

5. ［た-**форма**］

た-**форма** あとで、～ — После еды чищу зубы. (34)

た-**форма** ばかりです — Я работаю в фирме только с прошлого месяца. (46)

6. ［**Желательное наклонение**］

желательное наклонение とおもっています — В будущем думаю создать собственную фирму. (31)

7. словарная форма
ない-форма ない ｝ つもりです — В следующем месяце покупаю (собираюсь купить) машину. (31)

В этом году не собираюсь (ехать) на родину. (31)

словарная форма
ない-форма ない ｝ ように、～ — Чтобы быстрее дошло, отправил экспресс-почтой. (36)

Чтобы не забыть номер телефона, запишу. (36)

словарная форма
ない-форма ない ｝ ように します — Каждый день стараюсь вести дневник. (36)

Постарайтесь не опаздывать. (36)

8. словарная форма
て-**форма** いる ｝ ところです
た-**форма**

Вот-вот сейчас матч начинается. (46)

Сейчас как раз выясняю причину. (46)

Только что автобус отошёл. (46)

9. た-**форма**
ない-форма ない ｝ ほうが いいです

Лучше каждый день заниматься физкультурой / двигаться. (32)

Сегодня лучше не принимать ванну. (32)

10. て-**форма**
ない-форма ないで ｝ ～

Возьму зонт и пойду. (34)

Опустил письмо, не наклеив марки. (34)

11. ［**нейтральная форма**］

нейтральная форма し、～ — На метро быстрее и дешевле – поедем на метро. (28)

нейтральная форма といっていました — Г-н Миллер сказал, что на следующей неделе он едет в командировку в Осака. (33)

нейтральная форма そうです — Согласно прогнозу погоды, завтра похолодает. (47)

ГЛАГ нейтральная форма の を ～ — Вы знаете, что перед станцией построили большую гостиницу? (38)

ГЛАГ
い-**ПРИЛ** ｝ **нейтральная форма** ｝
な-**ПРИЛ** ｝ **нейтральная форма** ｝ でしょう
СУЩ ｝ ～だ ｝

Завтра, наверное, будет снег. (32)

Завтра, похоже, будет холодно. (32)

Сегодня ночью, наверное, звёзды будут яркими (хорошо видны). (32)

Завтра, вероятно, будет хорошая погода. (32)

ГЛАГ	нейтральная форма		Он, возможно, уйдёт из фирмы.	(32)
い-ПРИЛ	нейтральная форма		Может быть, он завтра будет занят.	(32)
な-ПРИЛ	нейтральная форма	かも しれません	Возможно, он будет свободен на следующей неделе.	(32)
СУЩ	〜だ		Он болен, может быть.	(32)

ГЛАГ	нейтральная форма		Я не знаю, когда закончится собрание.	(40)
い-ПРИЛ	нейтральная форма		Подумайте, пожалуйста, что может быть хорошим подарком.	(40)
な-ПРИЛ	нейтральная форма	か、〜	Я проверю, где расположен запасный выход.	(40)
СУЩ	〜だ			

ГЛАГ	нейтральная форма		Ответьте, пожалуйста, сможете ли вы участвовать в предновогодней вечеринке.	(40)
い-ПРИЛ	нейтральная форма			
な-ПРИЛ	нейтральная форма	か どうか、〜	Попробую узнать по телефону, удобно это или нет.	(40)
СУЩ	〜だ		Не знаю, эта история – правда или нет.	(40)

ГЛАГ	нейтральная форма		Почему вы опоздали?	(26)
い-ПРИЛ	нейтральная форма		Я плохо себя чувствовал.	(26)
な-ПРИЛ	нейтральная форма	んです	Кондиционер сломан.	(26)
СУЩ	〜だ→〜な			

ГЛАГ	нейтральная форма		У меня дела, поэтому я уйду раньше вас.	(39)
い-ПРИЛ			Голова болит, поэтому сегодня лягу (спать) пораньше.	(39)
な-ПРИЛ	нейтральная форма	ので、〜	Сегодня день рождения, поэтому купил вино.	(39)
СУЩ	〜だ→〜な			

ГЛАГ	нейтральная форма		Хотя и обещала, но она не пришла.	(45)
い-ПРИЛ			Хотя работы много (очень занят), а зарплата небольшая.	(45)
な-ПРИЛ	нейтральная форма	のに、〜	Муж хотя и хорошо готовит, но не часто.	(45)
СУЩ	〜だ→〜な			

ГЛАГ	нейтральная форма		Я приехал в Японию в марте прошлого года.	(38)
い-ПРИЛ			Что сейчас хочу (найти), так это диск с концертом, (чтобы дирижировал) Сэйдзи Одзавы.	
な-ПРИЛ	нейтральная форма	のは 〜		(38)
СУЩ	〜だ→〜な		Самое важное – здоровье семьи.	(38)

ГЛАГ	нейтральная форма		В соседней комнате, похоже, кто-то есть.	(47)
い-ПРИЛ			Кажется, начальник департамента не любит гольф.	(47)
な-ПРИЛ	нейтральная форма 〜だ→〜な	ようです	Очень похоже на аварию.	(47)
СУЩ	нейтральная форма 〜だ→〜の			

12. ГЛАГ ます-форма
い-ПРИЛ （～い）
な-ПРИЛ ［な］
｝そうです

Похоже, что вот-вот пойдёт дождь. (43)

Это пирожное на вид очень вкусное. (43)

Он выглядит (кажется) серьёзным. (43)

ГЛАГ ます-форма
い-ПРИЛ （～い）
な-ПРИЛ ［な］
｝すぎます

Вчера вечером выпил слишком много. (44)

Этот вопрос слишком трудный. (44)

Этот метод слишком сложный. (44)

13. ГЛАГ ｛ て-форма、
ない-форма なくて、
い-ПРИЛ ～くて、
な-ПРИЛ で、
СУЩ で、
｝～

Прослушав новости, удивился. (39)

Не вижусь с семьёй и скучаю. (39)

В субботу обстоятельства так сложились, что я не смогу пойти. (39)

Сюжет довольно запутанный, так что я плохо понимаю. (39)

14. ГЛАГ словарная форма
СУЩ の
｝よていです

Прибытие самолёта ожидается в 9 часов. (31)

Собрание запланировано на среду. (31)

15. ГЛАГ ｛ словарная форма
た-форма
СУЩ の
｝とおりに、～

Пожалуйста, запишите так, как я сейчас скажу. (34)

Пожалуйста, расскажите то, что вы видели. (34)

В соответствии с номером нажмите кнопки. (34)

16. ГЛАГ ｛ словарная форма
た-форма
ない-форма ない
い-ПРИЛ
な-ПРИЛ な
СУЩ の
｝ばあいは、～

В случае утери кредитной карты, просьба немедленно сообщить в компанию-эмитент. (45)

Если ксерокс будет плохо работать, позвоните, пожалуйста, по этому номеру. (45)

Если нужен чек, то скажите, пожалуйста. (45)

17. ГЛАГ ｛ словарная форма
ない-форма ない
い-ПРИЛ
な-ПРИЛ な
СУЩ の
｝はずです

Посылка должна прийти завтра. (46)

Начальник отдела должен хорошо знать немецкий язык. (46)

Тот супермаркет завтра, должно быть, закрыт. (46)

Употребление глаголов и прилагательных

1. たかい (い-ПРИЛ) → たかく (наречие)

はやい	Сегодня я уйду домой пораньше, потому что у ребёнка день рождения.	(Урок 9)
はやい	Чтобы быстро (быстрее) плавать, я каждый день тренируюсь.	(36)
くわしい	Я подробно расскажу о порядке эксплуатации.	(44)
おおきい	Пишите, пожалуйста, буквы крупнее.	(44)

2. げんき［な］(な-ПРИЛ) → げんきに (наречие)

じょうず［な］	Я хочу освоить искусство приготовления чая (чайной церемонии).	(36)
たいせつ［な］	Давайте экономно использовать воду.	(44)
きれい［な］	Наведи, пожалуйста, порядок на столе.	(44)
ていねい［な］	С начальником департамента лучше разговаривать более вежливо.	(44)
かんたん［な］	Я вкратце расскажу о планах.	(44)

3. おおきい (い-ПРИЛ)　　→ おおきく　なります。
げんき［な］(な-ПРИЛ) → げんきに　なります。
かしゅ (СУЩ)　　　　→ かしゅに　なります。

あつい	Теперь постепенно будет всё жарче и жарче.	(19)
じょうず［な］	Вы стали хорошо говорить по-японски.	(19)
いしゃ	Я хочу стать врачом.	(19)
10 じ	Когда будет 10 часов, выходим.	(25)

4. おおきい (い-ПРИЛ)　　→ おおきく　します。
きれい［な］(な-ПРИЛ) → きれいに　します。
はんぶん (СУЩ)　　　　→ はんぶんに　します。

みじかい	Брюки сделаю немного короче.	(44)
ちいさい	Этот чертеж сделайте, пожалуйста, поменьше.	(44)
しずか［な］	Уже поздний вечер, поэтому вы не могли бы потише?	(44)
2 ばい	Удвою количество воды (налью воды в два раза больше).	(44)
ショート	Хотелось бы короткую стрижку.	(44)

5. おおきい (い-ПРИЛ) → おおきさ (СУЩ)

ながい	Длина того моста 3.911 метров.	(40)
たかい	Измерю свой рост.	(40)
おもい	Сколько килограммов весит этот багаж?	(40)

6. やすみます (ГЛАГ) → やすみ (СУЩ)

おわります	В конце августа я поднимусь на гору Фудзи.	(20)
はなします	Вчерашний рассказ учителя был интересным.	(21)
かえります	На обратном пути заходите, пожалуйста.	(49)
たのしみます	С нетерпением жду путешествия в летние каникулы.	(35)
もうしこみます	Срок подачи заявлений об участии в Конкурсе устных выступлений до завтра.	(40)

7. はな (СУЩ) を みます (ГЛАГ) → ［お］はなみ (СУЩ)

やまに のぼります	Хотел бы подняться в горы. Какое-нибудь хорошее место не посоветуете?	(35)
かんを きります	Консервный нож используется для открывания консервных банок.	(42)

8. かきます (ГЛАГ) → かきかた (СУЩ)

よみます	Скажите, пожалуйста, как читаются эти иероглифы?	(14)
つかいます	Объясните (покажите), пожалуйста, как пользоваться палочками.	(16)
はいります	Ямада сан объяснил мне, как пользоваться японской ванной.	(24)
します	Я объясню, как пользоваться видеомагнитофоном.	(44)

Непереходные и переходные глаголы

переходный непереходный	Урок	て-форма	примеры
きります	7	きって	Разрежьте, пожалуйста, бумагу.
きれます	43	きれて	Боюсь, верёвка оборвётся.
あけます	14	あけて	Я открываю дверь.
あきます	29	あいて	Дверь открывается.
しめます	14	しめて	Закройте, пожалуйста, дверь.
しまります	29	しまって	Дверь закрыта.
つけます	14	つけて	Я включил свет.
つきます	29	ついて	Свет не включается.
けします	14	けして	Выключите, пожалуйста, свет.
きえます	29	きえて	Свет выключен.
とめます	14	とめて	Здесь можно остановить машину?
とまります	29	とまって	Перед домом остановилась машина.
はじめます	14	はじめて	Начнём совещание.
はじまります	31	はじまって	Совещание уже началось?
うります	15	うって	В супермаркете продают журналы.
うれます	28	うれて	Этот журнал хорошо продаётся.
いれます	16	いれて	Поставьте, пожалуйста, пиво в холодильник.
はいります	13	はいって	В холодильнике есть пиво.
だします	16	だして	Из кармана достаю билет.
でます	23	でて	Если нажать эту кнопку, то появится билет.
なくします	17	なくして	Я потерял ключи.
なくなります	43	なくなって	Ключи утеряны.
あつめます	18	あつめて	Я собрал много марок.
あつまります	47	あつまって	Собралось (накопилось) много марок.
なおします	20	なおして	Мне починят велосипед.
なおります	32	なおって	Я вылечился.
かえます	23	かえて	Я изменю время вечеринки.
かわります	35	かわって	Время вечеринки изменилось.
きを つけます	23	きを つけて	Буду внимателен, чтобы не допустить ошибки.
きが つきます	34	きが ついて	Позже я обратил внимание на ошибку.

переходный / непереходный	Урок	て-форма	примеры
おとします	29	おとして	Я выронила (потеряла) кошелёк.
おちます	43	おちて	Кошелёк упал (и лежит на земле, на полу и т.п.).
とどけます	48	とどけて	Я представлю документы начальнику департамента.
とどきます	36	とどいて	Документы получены.
ならべます	30	ならべて	Я расставляю стулья.
ならびます	39	ならんで	Люди стоят в очереди.
かたづけます	30	かたづけて	Я убираю вещи.
かたづきます	26	かたづいて	Посылки приведены в порядок.
もどします	30	もどして	Я положу ножницы обратно в ящик.
もどります	33	もどって	Начальник департамента скоро вернётся.
みつけます	31	みつけて	Поиск работы – это кошмар!
みつかります	34	みつかって	Работа никак не находится.
つづけます	31	つづけて	Продолжим совещание.
つづきます	32	つづいて	Совещание ещё продолжается.
あげます	33	あげて	Если понятно, то поднимите, пожалуйста, руку.
あがります	43	あがって	Температура повышается.
さげます	33	さげて	Продам, снизив цену.
さがります	43	さがって	Цена понизилась.
おります	34	おって	Я сломал ветку дерева.
おれます	29	おれて	Ветка дерева сломалась.
こわします	37	こわして	Ребёнок сломал часы.
こわれます	29	こわれて	Те часы не ходят.
よごします	37	よごして	Ребёнок испачкал одежду.
よごれます	29	よごれて	Одежда испачкалась.
おこします	37	おこして	Я разбужу ребёнка.
おきます	4	おきて	Мой ребёнок встаёт в 7 часов.
かけます	38	かけて	Запираю на ключ.
かかります	29	かかって	Заперто на ключ.
やきます	46	やいて	Пеку хлеб.
やけます	39	やけて	Хлеб испёкся.

Наречия и выражения, выступающие в роли наречий

1. さっき　　Недавно вам звонили из дома. (Урок 34)

たったいま　　Я только что проснулся. (46)

いつか　　Когда-нибудь хочу сам построить дом. (27)

このごろ　　Ватанабэ сан в последнее время уходит домой рано. (36)

しばらく　　Когда клонит в сон, я останавливаю машину, чтобы немного вздремнуть. (28)

ずっと　　Я всё время (постоянно) собираюсь жить в Японии. (31)

いつでも　　На экскурсию в "Эн-Эйч-Кэй" можно пойти в любое время. (26)

たいてい　　В выходные я обычно рисую. (28)

たまに　　Кинофильмы почти не смотрю, только иногда старые фильмы по телевизору. (49)

2. さきに　　Сначала едят сладости, затем пьют чай. (34)

さいしょに　　Прежде всего представлю профессора Танака. (50)

さいごに　　Кто будет выходить из комнаты последним, пожалуйста, погасите свет. (50)

3. きちんと　　Книги аккуратно расставлены. (38)

ちゃんと　　Хоть и регулярно принимаю лекарство, но простуда не проходит. (45)

ぴったり　　Эти туфли точно по ноге. (43)

はっきり　　Плохо слышно, поэтому говорите, пожалуйста, громче. (27)

いっしょうけんめい　　Работаю изо всех сил, чтобы иметь свой магазин. (42)

じゆうに　　Преподаватель побуждал учеников свободно высказывать мнения. (48)

ちょくせつ　　Эту историю услышал непосредственно от преподавателя. (26)

きゅうに　　У него внезапно появились дела, поэтому, вероятно, он не сможет прийти. (45)

4. ずいぶん　　Весьма весело, не правда ли? (26)

かなり　　Я достаточно хорошо понимаю передачи новостей по TV. (36)

もっと　　Постарайтесь, пожалуйста, есть больше овощей. (36)

できるだけ　　Я стараюсь по возможности не есть сладкого. (36)

ちっとも　　Я совершенно не знал о том, что сын Огава сан сдал вступительные экзамены в Университет Сакура. (49)

ほとんど　　Я прочитал почти все написанные им книги. (27)

Я почти ничего не смог (сделать) на вчерашнем экзамене. (27)

あんなに　　Он так много занимался, что, конечно, сдаст экзамен. (32)

5. かならず   Если не придёте на работу, то обязательно сообщите.   (36)

ぜったいに   Пожалуйста, постарайтесь ни в коем случае не опаздывать. (36)

たしか   У него день рождения точно 15 февраля.   (29)

もしかしたら   Может случиться и так, что не смогу закончить (учебное заведение) в марте.   (32)

いまにも   Похоже, что вот-вот пойдёт дождь.   (43)

ちょうど   Вот-вот сейчас матч начинается.   (46)

どうも   Похоже, что где-то случилась авария.   (47)

まだ   Зал заседаний пока ещё занят.   (30)

もう   Всё, больше не могу бежать.   (33)

やっと   Наконец-то я научился ездить на велосипеде.   (36)

Способы связи слов и предложений

1. ～ながら Показывая фотографии, я буду объяснять. (Урок 28)

～し В этом ресторане и цены низкие, и вкусно – я всегда здесь ем. (28)

それに Профессор Уатт усердный, серьёзный, к тому же у него есть опыт. (28)

そのうえ Его и возраст, и доход, и увлечения точно совпадают с моими
пожеланиями. К тому же и фамилии одинаковые. (43)

2. それで Здесь и привлекательные магазины, и можно поесть...
– Поэтому и народу много. (28)

～て Прослушав новости, удивился. (39)

～くて В субботу обстоятельства так сложились, что я не смогу пойти. (39)

～で Сюжет (того) фильма довольно запутанный, так что я плохо понял. (39)

Из-за аварии автобус опоздал. (39)

～ので У меня дела, поэтому я уйду раньше вас. (39)

Сегодня день рождения, поэтому купил вино. (39)

3. ～のに Хотя и обещала, но она не пришла. (45)

Хоть и выходной, но придётся работать. (45)

4. ～ば Весна наступит, и вишня зацветёт. (35)

Если погода ясная, то там вдали виден остров. (35)

～なら Если (ехать) на горячие источники, то в Хакуба очень хорошо! (35)

～ばあいは В случае не выхода на работу, сообщите, пожалуйста, по телефону. (45)

Если потеряли билет, то обратитесь к служащему на станции. (45)

Если нужен чек, то сообщите нам, пожалуйста. (45)

5. では Что ж, разрешите откланяться. (45)

6. ところで У Ганса хорошие оценки.
– Вот как? Большое спасибо.

Кстати, скоро будет спортивный праздник, папа тоже придёт? (40)

Содействие при составлении учебника

田中よね	*ЁНЭ ТАНАКА*
牧野昭子	*АКИКО МАКИНО*
重川明美	*АКЭМИ СИГЭКАВА*
御子神慶子	*КЭЙКО МИКОГАМИ*
古賀千世子	*ТИСЭКО КОГА*
沢田幸子	*САТИКО САВАДА*
新矢麻紀子	*МАКИКО СИНЪЯ*

Художники

佐藤夏枝	*НАЦУЭ САТО*
向井直子	*НАОКО МУКАИ*

Подготовка русского перевода

小島基次	*МОТОЦУГУ КОДЗИМА*

Преподаватель японского языка

ボリス・マシュコフ	*БОРИС МАШКОВ*

Русский перевод для второго издания

浜野アーラ	*АЛЛА ХАМАНО*

Преподаватель русского языка, переводчик

みんなの日本語　初級 II

翻訳・文法解説　ロシア語版　第2版

2003年 4月 4日　初版第1刷発行
2007年10月29日　第2版第1刷発行
2009年 3月25日　第2版第2刷発行

編著者　株式会社 スリーエーネットワーク
発行者　小林卓爾
発　行　株式会社 スリーエーネットワーク
　　　　〒101-0064　東京都千代田区猿楽町 2-6-3（松栄ビル）
　　　　電話　営業 03（3292）5751
　　　　　　　編集 03（3292）6521
　　　　http://www.3anet.co.jp
印　刷　欧文印刷株式会社

初級日本語教材の定番『みんなの日本語』シリーズ

みんなの日本語初級 Ⅰ ------------------------------------

本冊	2,625 円	漢字 英語版	1,890 円
本冊・ローマ字版	2,625 円	漢字 韓国語版	1,890 円
翻訳・文法解説ローマ字版（英語）	2,100 円	漢字練習帳	945 円
翻訳・文法解説英語版	2,100 円	漢字カードブック	630 円
翻訳・文法解説中国語版	2,100 円	初級で読めるトピック 25	1,470 円
翻訳・文法解説韓国語版	2,100 円	書いて覚える文型練習帳	1,365 円
翻訳・文法解説フランス語版	2,100 円	聴解タスク 25	2,100 円
翻訳・文法解説スペイン語版	2,100 円	教え方の手引き	2,940 円
翻訳・文法解説タイ語版	2,100 円	練習 C・会話イラストシート	2,100 円
翻訳・文法解説ポルトガル語版	2,100 円	導入・練習イラスト集	2,310 円
翻訳・文法解説インドネシア語版	2,100 円	CD	5,250 円
翻訳・文法解説ロシア語版【第2版】	2,100 円	携帯用絵教材	6,300 円
翻訳・文法解説ドイツ語版	2,100 円	B4 サイズ絵教材	37,800 円
翻訳・文法解説ベトナム語版	2,100 円	会話ビデオ NTSC	10,500 円
標準問題集	945 円	会話ビデオ PAL	13,650 円

みんなの日本語初級 Ⅱ ------------------------------------

本冊	2,625 円	漢字 英語版	1,890 円
翻訳・文法解説英語版	2,100 円	漢字 韓国語版	1,890 円
翻訳・文法解説中国語版	2,100 円	漢字練習帳	1,260 円
翻訳・文法解説韓国語版	2,100 円	初級で読めるトピック 25	1,470 円
翻訳・文法解説フランス語版	2,100 円	書いて覚える文型練習帳	1,365 円
翻訳・文法解説スペイン語版	2,100 円	聴解タスク 25	2,520 円
翻訳・文法解説タイ語版	2,100 円	教え方の手引き	2,940 円
翻訳・文法解説ポルトガル語版	2,100 円	練習 C・会話イラストシート	2,100 円
翻訳・文法解説インドネシア語版	2,100 円	導入・練習イラスト集	2,520 円
翻訳・文法解説ロシア語版【第2版】	2,100 円	CD	5,250 円
翻訳・文法解説ドイツ語版	2,100 円	携帯用絵教材	6,825 円
標準問題集	945 円	B4 サイズ絵教材	39,900 円
		会話ビデオ NTSC	10,500 円
みんなの日本語初級 やさしい作文	1,260 円	会話ビデオ PAL	13,650 円

※税込価格

スリーエーネットワーク　　ホームページで新刊や日本語セミナーをご案内しております。
http://www.3anet.co.jp